学衡尔雅文库

主编　孙江

学术委员会

南京大学文科"双一流"专项经费资助

科学

沈国威 著

Science

江苏人民出版社

图书在版编目（CIP）数据

科学/沈国威著. 一南京:江苏人民出版社,
2023.1(2023.07重印)
（学衡尔雅文库/孙江主编）
ISBN 978－7－214－24891－6

Ⅰ.①科… Ⅱ.①沈… Ⅲ.①汉语－词汇－研究－近
代 Ⅳ.①H134

中国版本图书馆 CIP 数据核字(2022)第 032272 号

书　　　名	科　学
著　　　者	沈国威
责 任 编 辑	周晓阳
装 帧 设 计	刘　俊
责 任 监 制	王　娟
出 版 发 行	江苏人民出版社
地　　　址	南京市湖南路 1 号 A 楼,邮编:210009
照　　　排	江苏凤凰制版有限公司
印　　　刷	南京爱德印刷有限公司
开　　　本	850 毫米×1168 毫米　1/32
印　　　张	5.875　插页 6
字　　　数	120 千字
版　　　次	2023 年 1 月第 1 版
印　　　次	2023 年 7 月第 2 次印刷
标 准 书 号	ISBN 978－7－214－24891－6
定　　　价	38.00 元

(江苏人民出版社图书凡印装错误可向承印厂调换)

回看百年前的中国,在 20 世纪之初的十年间,汉语世界曾涌现出成百上千的新词语和新概念。有的裔出古籍,旧词新意;有的别途另创,新词新意。有些表征现代国家,有些融入日常生活。

本文库名为"学衡尔雅文库"。"学衡"二字,借自1922 年所创《学衡》杂志英译名"Critical Review"(批评性评论);"尔雅"二字,取其近乎雅言之意。

本文库旨在梳理影响近现代历史进程的重要词语和概念,呈现由词语和概念所构建的现代,探究过往,前瞻未来,为深化中国的人文社会科学研究提供一块基石。

目录

序章

西『学』东渐：Science如何成为科学

进入 15 世纪以后，航海术和印刷术的发明及应用促进了人员和货物的流动，进而引发了世界规模的信息、知识大迁移，开启了史称"西学东渐"的时代。 在中国，继佛经翻译之后，第二次大规模翻译活动的主角是 16 世纪末来华的耶稣会士。利玛窦（Matteo Ricci, 1552～1610）、邓玉函（Johann Schreck, 1576～1630）、艾儒略（Giulio Aleni, 1582～1649）、汤若望（Johann Adam Schall von Bell, 1592～1666）等名震一时的耶稣会士，既是虔诚的宗教人士，也是当时世界范围内堪称第一流的学者。 他们秉奉"文化适应策略"，翻译撰写了大量的书籍；除了宗教性的内容以外，还涉及其他广阔的世俗领域。 西方的天文学、地理学、数学、医学、逻辑学等新知识就是经他们之手首次介绍给中国士子的。 耶稣会士的译著很多被收入《四库全书》，在传统的学术体系中占据了一席之地。

　　耶稣会士的著译被称为汉译西书，书中的知识重塑了中国人的空间想象以及西方的人文图景。 其中值得大书特书的是关于西方学术和教育的描述。 艾儒略的《西学凡》（1623）第一次介绍了欧洲当时的教育体制和分科的情况。① 在书中，西学被分为六科：文科（Rhetoric，修辞学）、理科（Philosophy，自然哲学）、医科（Medicine，医学）、法科（Civil Law，民法）、教科（Canon Law，教会法）、道科（Theology，神学）。 在六科的框架下，艾儒略还对各科的内容和教学次第做了详细的说明。《西学凡》出版后不久，艾氏又刊行了介绍世界地理知识的《职方外纪》（1623），再一次向东方的读者展示了西方的教育体系。 艾儒略介绍说，"欧逻巴诸国皆尚文学。 国王广设学校，一国一郡有大学、中学，一邑一乡有小学。"中学的教育内容"曰理科，有三家。 初年学落日加，译言辨是非之法；二年学费西加，译言察性理之道；三年学默达费西加，译言察性理。 以上之学总名斐录所费亚"②。

"落日加"等是拉丁语的音译，分别相当于今天的"逻辑学""物理学"和"形而上学"。"斐录所费亚（philosophia；英 philosophy）"被艾儒略译作"理科"，与今天的"哲学"词义不尽相同，是欧洲"中学"，即中等教育阶段学习内容的"总名"。 与艾氏著作大致相同的内容在《西方要纪》（1669，南怀仁等）中也有介绍。

① 艾儒略：《西学凡》，黄兴涛、王国荣编：《明清之际西学文本》第 1 册，北京：中华书局 2013 年版。
② 谢方校释：《职方外纪校释》，北京：中华书局 1996 年版。

"皆尚文学"的"文学"对译拉丁语 literatura（英 literature），在艾儒略的时代是一切诉诸文字的人类知识的总称。《西学凡》《职方外纪》等介绍的西方学术体系，几经变迁，至 19 世纪中叶大致定型，并最终发展成世界性学术及教育体系的主流。根据 *A Dictionary of Science，Literature，and Art*（1842）的记述，可以归纳如下图。

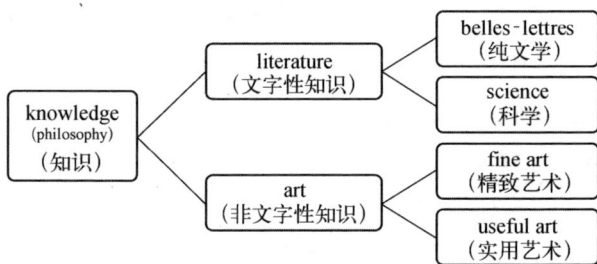

人类的知识（knowledge；philosophy）可以分为文字性和非文字性两大类，literature 是存在于文字中的知识和想象力的全部成果，在相当长的历史时期，这是一个无所不包的概念。但是 19 世纪中叶，在日常的狭义用法上，将 literature 分为：纯文学（polite literature；belles-lettres）和实证科学（positive science），也就是说将 science 从 literature 中分离出来了。这样做是为了避免研究领域过于广泛。另一方面，非文字的 art 是运用知识或力量达到预期目的的知识领域。古希腊将 art 分为自由人的 art 和奴隶的 art，现在则分为精致（fine art）和实用（useful art）两类。前者包括音乐、诗歌、雕塑等，并无直接的世俗性目的，后者则与人类的日常生活密切

相关。①

　　而源于古希腊的 philosophy，是一个从天人之际的视角表示人类系统知识的总称。 如艾儒略所述，它通常分为三大部门：形而上学、物理学和伦理学，构成了欧洲学校教育的基础内容。 又如亚当·斯密（Adam Smith，1723~1790）在《国富论》中所说，中世纪的自然哲学、道德哲学和逻辑学后来在欧洲的大部分大学又被分成逻辑学、本体论、神理之学、道德哲学、物理之学五个部分。 基于试验和观察的"物理之学"，尽管通过细心的观察可以产生许多有益于人类生活的发明，却被置于中世纪教学体制的最末端。 这种情况在培根（Francis Bacon，1561~1626）之后的二百余年中有了改变，"物理之学"逐渐占据了学术的中心位置，是为近代科学的诞生。 也就是说，"science"原本只有"knowledge"（知识）的意思。 在现代科学发轫之前，science 的问题被当作形而上学的一部分来研究，被称为自然哲学。 然而，随着科学方法的广泛运用，自然哲学逐渐转变为一种源于实验的经验科学，与哲学的其他领域分道扬镳。 到了 19 世纪末，它开始被称为"science"，以示与哲学的区别。 此后，"形而上学"被用来指代对存在本质的非经验性哲学研究。

　　以上就是西方知识学术体系由中世纪向现代演变的大致

---

① 上述辞典的编者还指出，此时 science 更多地用于指称与 literature、art 相对峙的知识领域。 这一点从辞典的名称也可以看出来。

历程。

反观东方，中国古代的"六艺"曾是士子教育的重要框架，宋明以后理学成为教育的主流。明末清初的汉译西书，引起了士大夫的兴趣，但总体上他们并没有表示出太多的热情。尤其是 1723 年雍正严厉禁教以后，对西书的翻译和阅读都销声匿迹了。

汉译西书几乎同步传到了日本。日本 1640 年前后完成"锁国"，进行贸易乃至获取知识的渠道都严格限定于中国和荷兰。汉译西书不管内容如何都被严厉禁止，但是，私下的传抄、阅读并没有受到太大的影响。1720 年洋书弛禁，①实学书涌入，日本士人开始学习荷兰语并翻译荷兰语（包括转译为荷兰语）的西书籍。如此，一方面中国禁绝西学，一方面日本兰学兴起，西方的知识在中日受到了不同的待遇。1807 年新教传教士马礼逊（Robert Morrison，1782～1834）登陆广州，开启了第二次西学潮。日本则于 1860 年前后打开国门，继之宣布开始明治维新（1868）。中国和日本分别开始了西学接受的新历程。

这本小书的目的是探讨西方的 science 在 19 世纪中叶以后如何成为东方的"科学"（概念的传入和译名的定型），以及在这一过程中所发生的事情。

----

① 幕府第 8 代将军德川吉宗推行享保改革，1720 年放松了与宗教无关书籍的进口管制，新的图书政策是兰学兴盛的一个重要原因。

　　本书分为四章,第一章的内容是日本的"科学",从词源上讨论"科学"一词的来龙去脉,以及日本对"科学"所蕴含的概念的理解,尤其对明治思想家西周关于西方学术体系的把握和引介做了较详细的介绍。 第二章首先考察日语"科学"入华的问题,接下来概观中国在接受"科学"上的各种现象,通过科举策问的题目分析科学在中国社会的渗透。 在第三章,笔者花费了较多的笔墨追寻严复科学思想的轨迹,考察严复的科学观,包括什么是科学、科学与技术的区别、科学的目的与效用、科学所包含的学科、作为方法的科学等。 第四章聚焦科学与语言的关系,探索讲述科学和讲求科学在语言上的反映,希望能从词语使用上反证近代中国社会是如何把科学作为一种方法的。

　　笔者的专业是词汇学,对于科学这样一个大问题,只能提供语言研究上的若干见解。 笔者期待思想史、教育史等方面的研究在近代词汇史的基础上进一步展开。

第一章

日本的『科学』

第一节　兰学，穷理之学

1603 年德川家康于江户建立幕府，号令全国。 在教育方面，幕府积极推行宋明理学，朱熹等儒家的著作成为官学、私学的主要学习内容。 幕府从 1640 年代起采取了严厉的禁教、锁国政策，对外贸易限于中国与荷兰，海外的新信息、新知识等也只能从上述两国获得。 1720 年（享保五年），注重实学的第 8 代将军德川吉宗（1684～1751）放宽了图书进口的禁令，非宗教性的图书开始进入日本。 书中记载的自然科学的知识被称为"穷理之学"，简称"理学"，引起了一部分不满足于中国儒学的知识分子的兴趣。 另一方面，在儒学日本本土化过程中，出现了不同于中国的学术主张。 伊藤仁斋（1627～1705）

说"易曰穷理尽性，以至于命。 穷理就事物而言，尽性就人而言"（《童子问》中，第66章），认为"天地之间，唯一实理而已"（《童子问》上，第8章）。 现实的日常生活受到更大的关注。 日本的穷理之学以医学为端绪，就是这种主张的反映。①

《解体新书》（1774）的翻译和刊行是一个标志性的事件。 受到是书成功的鼓舞，荷兰书被陆续译出，内容也由医学扩展到植物学、化学、物理学等相关领域。 理学（含医学）的主要译著大致有以下数种。

书名	刊行年	著译者	内容
解体新书	1774	杉田玄白等	医学
太阳穷理了解	1792（译）	本木良永	天文学
重订解体新书	1826	大槻玄泽	医学
和兰内景医范提纲	1805	宇田川榛斋	医学
眼科新书	1815	杉田立卿	医学
理学入门 植学启原	1833	宇田川榕庵	植物学
舍密开宗	1837～1847	宇田川榕庵	化学
气海观澜	1827	青地林宗	物理学
穷理通	1836（成）	帆足万里	物理学
气海观澜广义	1851	川本幸民	物理学
理学提要	1856	广濑元恭	物理学

① 辻哲夫：《日本の科学思想》，东京：中央公论社1973年版。

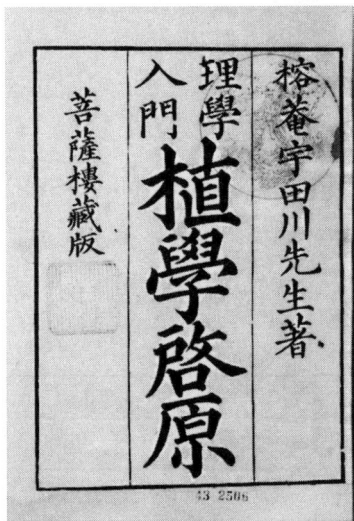

兰学家们用"穷理、究理"等中国的传统词语来指称对自然科学新知识的探索，①但他们已深刻地认识到西方的穷理之学在目的性、方法论上与中国的学问之间存在着巨大的差异，属于不同的学术体系。如宇田川榕庵（1798～1846）在《理学入门 植学启原》（1834）的卷首写道："天地之大，莫所不容。而万物之扰扰，莫所不有。参天地而统纪万物，是乃人道也。西圣立三科之学，曰辨物也，曰究理也，曰舍密（化学的旧译名——引者）也。"世间万物，错综复杂，"形质或异，性情不能同。故学者，必先修辨物之学"，对世间万物进行分门别类。榕庵认为辨物之学主要包括植物学、动物学、矿物学。学习辨物之学后，接下来学习究理之学。究理之学探索"动何以飞走，植何以荣枯"的原理。最后学习舍密之学，追究万物离合滋生之"元"。榕庵说："由是观之，辨物者，乃理学之入门也。舍辨物而遽（據）事究理，譬犹捐阶登楼，何由获抵上层乎。"这里的"理学"应

---

① "穷理""究理"在日语里发音相同。

该理解为西方近代学术体系中的自然哲学，即"科学"，而辨物
是科学的第一步。 在第一章《学原》中，榕庵又具体指出，
"万物之学别为三门，一曰斐斯多里（history），记录形状，辨
别种属，盖辨物之学也。 二曰费西加（physics），穷万物所以
死生，以荣枯，以蕃息之理，盖穷理之学也。 三曰舍密
加（荷兰语 chemie），知万物资以始生，聚以成体之元素，盖离
合之学也。 辨物启穷理之端，穷理为舍密之基，辨物者，学之
门墙，舍密者，理之堂奥。"榕庵补充说："医学属于究理之
门，故西洋取医于理科。 凡为医者，必先进于辨物之学，以研
讨内景药物，而后通于究理舍密之奥旨，始从事治病。"①

榕庵的友人箕作虔则在序言中指出："亚细亚东边之诸国，
止有本草，而无植学也。（中略）本草者，不过就名识物，详
气味能毒。 犹如知角者牛，鬣者马。 不甚与究理相涉也。"而
"所谓植学者，剖别花叶根核，辨别各器官能。 犹动物之有解
剖"，②虽然并不以实用为目的，但是乃"真究理之学也"。

大槻玄泽（1757～1827）指出"躬试亲验"是辨物的基本
态度（《重订解体新书》，1826 年刊）。 兰学家的"辨物"即
对自然界的观察，而"究理、舍密"是对观察到的现象进行归
纳、演绎，从中得出事物变化之理的过程。 这种准确的把握对

---

① 《植学启原/植物学》，东京：恒和出版 1980 年版，第 15—17 页。 原文为
汉文。
② 《植学启原/植物学》，东京：恒和出版 1980 年版，第 13—14 页。 原文为
汉文。

明治以后的学者也产生了极大的影响。

19 世纪中叶以后，兰学翻译的重心转向兵学，后为英学吸收。 明治初年的启蒙思想家、翻译家，如西周、福泽谕吉、津田真道等都有深厚的兰学背景。 持续了近一个世纪的兰学，其功绩是：

1. 通过丰富的翻译实践，确立了新的翻译理念及不同于汉籍训读的翻译方法；
2. 创造了一大批学术用语；
3. 开辟了汉学以外的知识渠道；
4. 汉学的学术体系和方法因兰学而相对化。

兰学是勇敢的挑战，在此基础上明治维新运动顺利启程。但兰学偏重于自然科学，对西方学术体系的全景介绍还有待于西周的登场。

第二节　西周的"学"与"术"

第一次向日本知识界详细、全面地介绍西方学术的是明治启蒙思想家、西洋哲学家西周（1829～1897）。 西周是日本岛根县人，幼年习汉文，又学习荷兰文。 1862 年被德川幕府派往荷兰莱顿大学留学，学习法律学、康德哲学、经济学和国际法。西周 1865 年回国后，翻译刊行了《毕洒林氏万国公法》（1868）。明治维新（1868）后又在兵部省、文科省等部门任职。①

明治三年（1870）末，西周在私塾育英舍开讲《百学连环》，首次系统地介绍了西方的知识学术体系。西周的弟子永见裕（饶香）详细记录了讲座的内容。1932 年永见留下的课堂笔记被发现，讲座全貌遂广为学界所知。收入《西周全集》（大久保利谦编，旧版 1945 年第一卷，新版 1981 年第四卷）的《百学连环》即是根据永见的课堂笔记整理而成的。《百学连环》由"总论""第一编　普通学""第二编　殊别学"三个部分构成（见本节末尾），"总论"是对西方学术体系的整体性简介，内容涉及"学"的分科性质、学与术、学之方法等。②

西周先从 Encyclopedia 的词源说起，说明了命名"百学连环"的理由，然后说，百学都有"学域"，地理学有地理学的学域，政治学有政治学的学域。学习者必须准确把握各科的范围，越界将引起种种混乱。西周还特别强调，汉学有经学、历史及文章等的区别，但无"学域"之说。西周的这种不越雷池一步的主张，后来成为日本学界的金科玉律。

接着，西周开始讨论学与术的区别，他使用的术语是"学术技艺"或"学术"。西周说这是英语 science and art 的翻译。

---

① 《或问》第 39 号（2021 年）刊有《西周传》的译文。
② 《或问》第 18 号（2010 年）刊有"总论"主要内容的译文。

"学"字的意思是学道，或者学文，一般做动词用，作为"具体名词"使用的情况较少。作为具体名词使用的是"道"，中国的典籍如《周礼》用"道艺"。"学"字的本义是老师教导学生，如其字形"學"所示，老师保护、教导儿童。及至后来，开始使用"術"字。"術"字是由向某一目标行进的"行"字衍生而来的，其字形之义为"镶嵌得恰到好处"。"学"与"道"，其类相同，而"術"字与"艺"字同种。"藝"字由"萩"字衍生，字义为种植。"技"字即用手做事，"手"字与"支"字相合。"艺"字在日语里与"业"字同义。这样"学术"二字就包含了"技艺"二字的意思，故后来（学术技艺）常常省略"技艺"二字，只用"学术"。西周在这里不厌其烦地考证了"学、术、技、艺"的字义及其区别，这些字是翻译science 及其相关概念的基本素材。"科学、文学、技术、艺术、美术"等词义既相似又相异，是同一概念范畴里的成员。（参见本书终章）

西周说，既然"学""术"二字是英语 science and art 的翻译，就必须了解学术之为学术的缘由。英国哲学家威廉·哈密尔顿（Sir. William Hamilton, 1788～1856）在区别学与术两者的不同之处时说，"学"使认识臻于完善。从形式上看，"学"的特质是具有逻辑完美性，从内容上看，"学"的特质是真理性。"学"是认知内容的积累，但并非知道得多就是"学"。无论什么事情，从本源上知晓其真理，这才是"学"。对于这段源于韦伯英语词典（1865）的内容，西周解释说，所谓逻辑上的完整性，就是通过观察自然，充分获得关于自然的知识；所谓真理性，就是所有事物都各自具有唯一的、不可动摇的真理。此外"学"还需要有"定义"，于政治学必须知道政治学的定义，譬如，说某处有某国时，必须知道"国"为何物；仅仅有土地还不能称之为"国"，有土地、有人民、有政府才能称之为"国"。

西周指出，"学"有两种，即纯粹的"学"和应用的"学"，前者就理论而言，后者就实事而言。"学"如果只是在书本上知道某些道理则毫无益处，需要进入实际。所谓的实际有两种，即观察（observation）和试验（experience）。观察就是存在的事物由外部映入视觉；试验是未来的、人亲自去追求的过程。寻常的学者往往只讲空洞理论，不进入实际，不论什么学者都必须进入实际。

西周告诉听讲者，literature，即文章，与学术密切相关，故需以此为标准选举人才。自古以来中国就是根据诗词文章选举人才的，天下事无不与文章有关，与文章有关就是与学术有关。法语有 belles lettres（好文字）的说法，就是英语的 humanities（人道），或 elegant literature（高尚的文章）。英文所说的人道就是 mental civilization（心灵的开化）的意思，大凡文字都是开启心扉的，故称文字为"人道"。开启心灵是道的光明，开启心灵与文字的关系最深。

西周说，近来在学术中"经验主义"（empiric）一词越来越受到重视。这是为了告诫学者不要崇尚空论，以文章代替学术。文章、设施、制度等都是发现真理的手段。文章尽管能极大地辅佐学术，是寻求真理的手段和媒介，但是沉溺于文章之道，反将损害真理的发现。

西周给"术"下的定义是：规律的体系化结果，旨在促进某些行为的实施。即不论何事，于事实上究明其理，由此得到的更容易实现目的之方法。西周指出"学"与"术"是近义词（synonym），原本就容易混淆，因此，必须在词义上区分清楚。"学"是知所知之事，无论何事，究明其真理，从本源上知某物为何；"术"是知所生之事，无论何事，知其所产生之根本，且明白无误地知其之所以产生的道理。

"术"亦一分为二，即 mechanical art 和 liberal art。原文的意思是机械之术与高尚之术。但是直译有欠妥当，在此可译为"技术"与"艺术"。技是驱动肢体之意，如工匠；艺是运用心灵之意，如制作诗文等。Mechanical art 在英语里是"商业"的意思，又称为 useful（实用）art；polite art，意为美丽。还有 industrious art，意为勤勉；fine art，意为奇丽等。①
"术"虽有各种说法，但所表示的意义大致相同。唯有两处不同，大凡世上的万民没有不行"术"的，"术"上又一定有"学"，故世间之人无一不是学者。

"学"与"术"都可以说是对真理的探究。而"学"寻求

---

① 在现在通行的英汉辞典中，mechanical art ＝ 技术；useful art ＝ 手工艺；polite art ＝ 美术；industrious art ＝ 工艺；fine art ＝ 美术。

知识，"术"追求制作。"学"与"术"相比，"学"在高端与真理相关联；"术"在低端与真理相关联。即"学"为上位的功夫，"术"是下位的功夫。所谓上位的功夫即不断向上追求，所谓下位的功夫即不断向下探索。

不管是"学"还是"术"，都必须有"观察"（theory）与"实践"（practice）两个方面。"观察"就是穷极万事之理，"实践"就是针对不同的技艺穷极其理。西周指出，"观察"一词的原文为 theory，是英语 speculation（观想）或 hypothesis（想定）的误用。① 学术的源泉在于知行，"知"与"行"，互有区别，无论如何不可视为等同。王阳明有"知行合一"的说法，但是王氏另有所指，并非将知行合二为一。"知"之源由五官感觉所发，从外向内而入；"行"依据所知，从内向外而出。故"知"先"行"后，"知"为既往，"行"为将来；"知"需要广博，"行"需要精约。学术与知行最为相似，但仍需加以区别。

西周补充说，学与术还有两个性质，一是"普通"（common），一是"特殊"（particular）。所谓"普通"，是指某一原理和众多事物发生关联；所谓"特殊"，是说某一原理只与一事发生关系。例如数学，几乎和所有的事情发生关联，这就是普通。而如植物学则是特殊的，物理学也是特殊的。历史学、地理学等是具有普通性质的"学"。需要注意的是，现

① 三个词的今译分别是 theory = 理论；speculation = 推断；hypothesis = 假设。

在社会上所说的普通学是针对具体的人而说的，而不是说"学"本身的性质。

西周进一步指出，"学"又分为心理上的"学"（intellectual science）和物理上的"学"（physical science）。心理上的学在欧洲古代并没有定论，包含不同的内容，如 mental（心性学），或 moral（礼仪学），或 spiritual（精神学），或 metaphysical（物理外之学）等等。① 最适当的称呼应该是"形而上学"。西周认为，心理之学和物理之学互相关联，无法做出严格的区分。西方近年来物理之学大为发展，在很多方面重创了心理之学。唯物主义（materialism）学说甚至认为学在物理，但是这种极端的说法会导致伦理、道德等心理之学被放弃。

以上是在"总论"中，西周关于"学"与"术"（science and art）的意义及区别的论述。

在"总论"中，西周还重点讲解了学与术的方法，特别提到了孔德的社会学和穆勒的逻辑学及归纳法、演绎法。

孔德（Auguste Comte, 1798～1857）的学说认为，任何事物都须经历三个阶段，事物从第一阶段，经过第二阶段，到达第三阶段。第一阶段叫"神学阶段"，第二阶段叫"形而上学阶段"，第三阶段叫"实证（科学）阶段"。经过第一、第二段，到达第三阶段的时间长短，虽有不同，但所有事物都必须

———————

① 括弧中是西周的译词。

经过这三个阶段。

穆勒（John Stuart Mill，1806～1873）是英国人，他的《逻辑体系》出版后，学术日益繁荣。 西周创造了"归纳"和"演绎"来对译穆勒的 induction 和 deduction。 西周认为所有的"学"都有归纳和演绎的两个方面，但自古以来的学问，都只是演绎之"学"，古代西洋也如此，近来通通转而运用归纳的方法。

西周最后指出，所有的"学"都必须成体系（system），所有的"术"都必须成方法（method）。 所谓的体系就是，依据一定的法则、原理、目的构成的基本事实的整体。 所谓方法就是做事情的条理和次第。"学"如无体系，"术"如无方法，就不能称之为真正的学与术。 但是"学"中也有难为体系者，如历史学和自然史等就是如此。 这样的科学被称为"记述科学"。 但是近来西方一般已经能够把历史当作 system（体系）来书写了。 司马迁撰写《史记》时，从本纪开始，世家、列传、志，分门别类，已经有近似于体系的框架。 现在西方的历史学家，以文明开化（civilization）为目的撰写历史，条理分明，自然就有了体系。

《百学连环》的"总论"以下分为两编，前编为"学"，讲解普通学，后编为"术"，讲解殊别学，尤其详述心理之学与物理之学。 西周将学与术比喻为一串环，有两条线贯穿相连，故冠之以"连环"。 学与术互相关联，其中有不可分离者需要并行讲解。

西周在《百学连环》中所讲述的西方科学体系可整理如下表。

总论			
第一编 普通学 Common Science	第一 历史 History		学
	第二 地理学 Geography		
	第三 文章学 Literature		
	第四 数学 Mathematics		
第二编 殊别学 Particular Science	第一 心理之学 Intellectual Science	神理学 Theology 哲学 Philosophy 政事学（法学） Politics, Science of Law 制产学 Political Economy 计志学 Statistics	术
	第二 物理之学 Physical Science	格物学 Physics 天文学 Astronomy 化学 Chemistry 造化史 Natural History	

《百学连环》作为特殊讲义，从 1870 年冬开始讲授，每周 6 次，三年后听讲者逐渐减少，讲座便自然结束了。《百学连环》内容丰富，在 1870～1873 年这一时段，对西方的学术体系有如此深邃、广泛的理解，令人叹为观止。但是听众范围较小，讲稿在当时也未能整理出版，故这段史实很快湮没在倏忽而逝的岁月中，影响亦不大。

西周讨论西学的体系，使用的词语是"学"和"术"，同时"-学"还作为词尾，对译 science，如"普通-学"：

Common Science,"殊别–学"：Particular Science 等。 这是某种知识成为一科之学过程中的现象。 对西周而言，"学"与"术"是相区别的，但是汉字的特点是一字不成词，往往需要凑成两个字。 所以，"学问""学术""学艺"中的"问、术、艺"并没有实际的意思，"术、艺"最初是 art 的译词，但是在复合词里已经失去了原来的意思。 "国家""妻子"都属于这一类例子，汉语词汇学上称为"偏义复词"。 为了避免混乱，本书"学术"一般作 science 解，"学与术"指 science and art。

西周的《百学连环》是为了把西方的各种新知识加以体系化而做的尝试。 体系化不仅有助于理解现有的学术，更是导入西方 science 的需要。 西周认为，东洋的学术，尤其是江户时代以来的朱子学，与西方的学术完全不是一回事。 所以需要"再体系化"，只有克服了朱子学才有可能导入西方的科学。

第三节 "科学"的诞生

西周在《百学连环》里并没有使用"科学"一词。 育英舍的讲座停止后，西周从 1873 年开始，将"总论"的部分加以改写、压缩，以《知说》为题，分 5 次连载于《明六杂志》上，总计不足 1 万字。 在《知说》中，西周讨论了人类的知识是如何构成的，人的知识作为学术的体系如何与社会生活发生关联等问题。 在《知说·三》中，西周说：

> 四大洲自古以来并非没有学术，但比起今日之欧洲，不啻天壤之别！ 盖其所谓学术之盛，不是一学一术尽其精微，极其蕴奥，而是"群学诸术"以"结构组织"之形态集为大成。这种情况亘古未有，19 世纪的现在才开始出现。[①]

接着西周对"学"和"术"的意义进行了阐述：

> "学"只根植于智性，属于"观门"，即观察真理、进行思索的部门；"术"遵循已知之理而为，属于"行门"，即进行实践的部门。二者的次第为"学"先"术"后。以人身为例试区别之，则，司视、听、嗅、味等五官者均属智，获取外部信息，传达于智。手足与语言诸官，均属意，奉体内命令传达、施行于外。故如不获取外部信息则无法执行内部命令。以此判别学与术，更易晓其理。然据其本义探讨学与术，则应知：学之要谛在于知真理。真理者，一物一事必有其一。

[①] 《明六杂志》第 20 号 5，1874 年 11 月 29 日刊。《明六杂志》有岩波书店 2009 年校注版（山室信一、中野目彻校注），日本国立国语研究所的数据库也公开了 1—43 号的图像。 这些引文均为笔者试译。

西周指出：

　　"学"的根本在于考察研究（investigation），而其方法有
数种。西洋晚近的方法有三，曰视察（observation，《百学连
环》中为"实验"），曰经验（experience，《百学连环》中为"试
验"），曰试验（proof）。三者之中，虽因时因物有不用"试验"
之法的情况，但如无前两者，则考察研究，即"学"亦无从
谈起。①

　　在《知说·四》中，西周提醒读者注意：当前最重要的研
究方法为演绎（deduction）与归纳（induction）。演绎者即将
至善至高之一原理推广至万般事物。这一原理如果正确无误，
所得到的结果也完美无缺；如果有谬误，其结果则毫厘千里。
所谓的归纳就是积累事实，最终得出一以贯之的真理。因为原
理得自于事实的积累，所以没有谬误的可能。接着，西周做了
如下的阐述：

　　将事实归纳成一贯之真理，又将此真理按照前后次第
演示成一模范者，谓之"学（science）"。真理因学既已明白了

---

① 《明六杂志》第20号5，1874年11月29日刊。另，西周在此将observation译
　为"视察"，experience译为"经验"，proof译为"试验"，现在一般译为"观
　察""试验""证明"。

然时,活用之,以利人类万般事物者,谓之"术"。故"学"之旨趣唯在于讲求真理,而不可论究其真理于人类有何利害得失。"术"则根据真理而活用之,使吾人避害就利、背失向得者是也。(中略)故"学"于人性常能开其智,"术"于人性善能增其能。

然"学"与"术"虽如此旨趣迥异,至于所谓**科学**,有两者相混,不可判然其区别者。譬如化学(chemistry),虽然分解法之化学(analytical chemistry,今译分析化学,译者注。下同)可称之为"学",总汇法之化学(synthetical chemistry,今译合成化学)可称之为"术",亦有不可判然相区分之处。①(黑体字为译者所加,下同)

就这样"科学"作为字符串第一次出现在西周的著述中。西周接着补充道:"欧洲学术之盛超越古今,但其综合统一之观尚未有定论。 孔德论述诸学类别次第,由单纯者至有组织者,立五学之规范。 其立论极为精详,见识极为高远,可谓囊括巨细。"②孔德的五学及其次第为:天文学、物理学、化学、生理学、社会学。 "孔氏的议论恢宏,为初学者计",西周将其粗分

---

① 《明六杂志》第 22 号 1,1874 年 12 月 19 日刊。

② 《明六杂志》第 22 号 1,1874 年 12 月 19 日刊。 译文中的"学术"是西周原文中的字串。 关于孔德的五学,亦参见樊洪业《从"格致"到"科学"》,载《自然辩证法通讯》1988 年第 3 期, 第 39—50 页。

成三大类,即"普通之学术、物理之学术、心理之学术"。[①] 这里的"学术"与上文中的"学"一样应该是对译 science 的。

上文中的"科学"曾被当作 science 译词的首例书证,西周也就顺理成章地成了译词"科学"的创造者。[②] 但是《西周全集》的编者认为文中的"科学"是"学科"颠倒的误植,[③]后者是西周在《百学连环》中多次使用的术语。 笔者赞成《西周全集》编者的意见,此处的"科学"并不是 science 的含义,而是"学科",即一科之学(subject;discipline)的意思。 之所以得出这一结论,除了对上下文的理解之外,另一个重要原因就是此后的一段时间里"科学"一词在西周的著述中并没有频繁使用。 如下所示,《西周全集》全四卷中一共有 7 例"科学",例句试译如下:

---

① 如上译文所示,西周在《百学连环》所论及的学科要复杂得多,先分为"普通学"与"殊别学",其下各辖历史(地理学、文章学、数学);心理之学(神理学、哲学、政事学、制产学、计志学)、物理之学(格物学、天文学、化学、造化史)。 西周原计划在《明六杂志》上按顺序逐一进行介绍,实际上由于杂志的停刊等,只在《知说·五》中对"普通之学术"的语言学做了介绍。

② 铃木修次:《日本漢語と中国》,东京:中央公论社 1981 年版,第 61—94 页。 日本明治初期还有"科举之学"意义的"科学"的例子,如明治二年(1869)四月《公议所日志》八下可见:"然レドモ科学ハ空文無益ニ成行モノ故試官ヨク其人ノ正邪ト実行トニ注意スベシ。"参见惣郷正明编:《明治のことば辞典》,东京:东京堂出版 1986 年版。

③ 大久保利谦编:《西周全集·第一卷》,东京:宗高书房 1960 年版,18 页、461 页均将"科学"解释为"学科"的笔误。 当然我们也可以做这样的推断:西周的原意是用"学"作 science 的译词,用"术"作 art 的译词,用"科学"代替以前使用的"学科"去译 subject,或 discipline,以表达"一科之学""专科之学"或"分科之学"的意思。

1. 然古昔**科学**之别未备、二理混淆、疆域错杂泛无定体。（第 1 卷 161 页）

2. （谈及深究学问之渊源）应时势之急需,掠取捷径等事于今日也在所难免,然而既然一切为从事学问,应尽量不与当世之事发生直接关涉,而追求各个**科学**深远之理,此等貌似无用之事,为探明理,必要把握完整之知识;收集诸多特别之理,使之归于一贯之原理,如此学术以臻左右逢源之境。（第 1 卷 572 页）

3. 所谓 philology 之学,自古就有这一名称,但并未特别成为**科学**。只是对语言的时代变迁,从语义、语法的角度进行考究。此在欧洲被称之为"古典",与今之汉学家考究先秦两汉六朝宋代的文章、西人学习希腊语、拉丁语注释古文等相同,并无可称之为**科学**之处。⋯⋯比较语源学十八世纪末创立,（在一些学者的努力下）今成为**一科学**。（第 2 卷 592—593 页）

4. 希望诸君,以各自所学之**科学**为躯体之血肉,贯之以逻辑学之骨骼⋯⋯不断进取。（第 3 卷 291 页）

5. 翻译之要。在译字眼。⋯⋯然而其为字眼之语。在**一科学术**。而不下数百言。（第 3 卷 318 页）

例句 1 出现在《译利学说》（1877 年前）中,"二理"是哲学和诡辩学,其时尚未截然分开。 例句 2,这是西周以《学问在于深究渊源论》为题在东京大学做的讲演,时间为《知说》

发表三年后的 1877 年。① 讲演题目中的"学问"对应 science 似不应有疑问，而文中的"科学"受"各个"修饰，意指构成 science 的所有学科。 这篇旨在探讨如何治新学的文章反映了西周对百科诸学与哲学关系的思索。 例句 3 中"科学"三出，这是西周 1880 年 3 月 15 日在东京学士会院第 18 次例会上做的讲演。 在讲演中，西周对东京大学校长加藤弘之选派留学生去欧洲学习文献学（philology）的建议进行了反驳。② 西周认为文献学不足以视作一科之学，尤其指出先治文献学，以期对本国语言加以改良，此在欧洲亦无先例。 欧洲语言学兴于十六七世纪，此时所谓文献学之"学科"尚未成立，更不见文献学学科的兴盛积极影响欧洲语法、修辞诸学的证据。 例句 4 是西周对学生所做的演讲，例句 5 是西周为军事术语词典《五国兵书》（1880）写的序，原为汉文。 例 5 中的"一科学术"，应该切分成"一科＋学术"，即"一科之学术"的意思，这也是西周"科学"的基本含义。 与寥寥无几的"科学"相比，《西周全集》中"一科""学科"的用例俯拾皆是。 关于学科，西周在《知说·五》中说：

百学之中，可称为"普通之学"的是文、数、史、地四学。

① 大久保利谦编：《西周全集·第一卷》，东京：宗高书房 1960 年版，第 572 页。 亦参见辻哲夫《日本の科学思想》，东京：中央公论社 2002 年版，第 178 页。
② Philology 今译"文献学"或"语文学"，旧时译语言学，尤其指历史比较语言学。 但是西周显然不是这个意思，因为他特别指出"历史比较语言学在一些学者的努力之下，已经成为一科之学"。

此四学并不专属心理、物理二学,反而是记录解释此二学的工具。① 但是其中文、数遵循心理之学,而史地虽兼有心理、物理二学之性质,毕竟不若分属普通之学简约。(中略)至于本篇所举诗学与语原学,原为殊别学之**学科**,不应插入普通之学,但由于与语言学、文学相关,暂归类于此。②

西周的"科学"尽管不能理解为 science 的译词,但是他对学科的分类及所属内容的介绍,通过《明六杂志》产生了广泛影响。

与西周同时,中村正直(1832～1891,日本近代启蒙思想家、教育家,号"敬宇")也在《明六杂志》上连载译文,介绍西方的知识体系和为学的方法。 中村写道:

希腊、罗马极盛之时,学士、文人多有著述。然其时尚未有印刷术,故流传后世的书籍甚为稀少。但其残卷之中散见"真理"(truth)及"学术"(science)的火光。及至后世,其星星之火蔓延成燎原之势。(中略)路德认为亚里士多德以来的旧理学,不但于上帝的教诲无益,对于探求自然哲学(natural philosophy)也属无用之物。印刷术的发明是民智大开的原因,欧洲一般民众得以伸展才智,增加学识。商人积累财富,贵族则势力衰退。平民所受压迫减缓,获得相对

---

① 在《百学连环》中心理、物理二学被分类在"殊别学 particular science"之中。
② 《明六杂志》第 25 号 1,1874 年 12 月刊。

自由。人们喜爱学问,普及知识,有用之学渐兴。

至此,西方学问为之大变。人们抛弃旧说,追求真理。试验考究(experimental inquiries),即就实事、实物,确实经验,加以亲试,然后知其所以然。此种学问受到推崇。①

中村在文末的按语中说,天下学问进步的原因在于,第一,印刷术的发明,据此宗教改革后,人们得以阅读宗教的书籍;第二,平民渐获自由,学者辈出;第三,亲试实验之学兴;第四,交通工具等的进步。 中村在译文中使用了"学术"一词,并标出了 science 的发音,可知中村的"学术"是 science的译词。 中村在这里还特别对培根做了详细的介绍。②

中村在译文后的按语中说:根据西人所说,其学问大抵分为两类,即形而上、形而下而已。 文法学、议论学(即逻辑学,笔者注,下同)、上帝道之学(即宗教学)、人道之学(即伦理学)、律法学、政事学等属形而上之学;格物学(即物理学)、百工诸术之学、分离学(即化学)、医学、农学等属形而下之学。 中村用"学问"统称这些知识内容。③ 西周的普通之学、殊别之学及其学科分类在中村正直的文章中变成了形上、形下之分,无疑其中也暗含着等级上的优劣。

---

① 《西学一斑》,中村正直译,载《明六杂志》第 10 号,1874 年 6 月 28 日刊。这虽然是一篇译文,但中村对欧洲学术的历史展开及其背景加入了自己的整理和说明。

② 《西学一斑·五》,载《明六杂志》第 16 号,1874 年 9 月 22 日刊。

③ 《明六杂志》第 16 号,1874 年 9 月 22 日刊。

关于"科学"一词的形成，日本国语学家飞田良文写道：1879 年"科学"出现在 G. G. Zerffi 原著、中村正直翻译的《史学》上，并有假名标注的 science 的读音，词义也并非"一科之学"，而是与现在相同。飞田还指出中村的译文中出现了**"科学的"**这一形容词的用例。① 笔者试将中村这段使用了"科学"的文字直译成汉语如下：

> 所谓**科学**（学问）者，须熟知以何种元素而成立哉。不问其为何等事情，试仅观察宇宙间万物之现象（phenomena），从中发现自然之力（force）遵从某种天则，发挥其作用，对此等事实既得以推究，则其现象可加以**科学性**的论述。于史学亦然。②

飞田似乎认为在译词"科学"＝science 的确立上，中村正直发挥了重要的作用。然而事实并非如此。首先中村翻译的《史学》并不是在 1879 年完成的。根据今井登志喜的考证，③日本

① 飞田良文：《明治生まれの日本語》，东京：淡交社 2002 年版，第 205 页。日语的"科学的"是 scientific 的译词。
② 《明治文学全集 78・明治史论集二》，东京：筑摩书房 1976 年版，第 336 页。中村正直译《史学》第一编上，原著 G. G. Zerffi 的 The Science of History 是应日本方面的要求执笔的，对日本实证主义史学的建立起了重要的作用。加藤周一等编：《日本近代思想大系 13・历史认识》，东京：岩波书店 1991 年版，第 260 页。
③ 今井登志喜：《西洋史学の本邦史学に与へたる影響》，载《本邦史学史论丛・下》，东京：富山房 1939 年版，后收入《明治文学全集 78・明治史论集二》，东京：筑摩书房 1976 年版，第 363—374 页。

驻伦敦公使馆馆员末松谦澄请求英国历史学家 G. G. Zerffi 为日本历史学界撰写历史学概论是 1879 年 3 月，同年 10 月 G. G. Zerffi 完成了题为 *The Science of History* 的英文书稿。这部 773 页的大作在伦敦印制完成后，于 1880 年运回日本。修史馆（现东京大学史料编纂所前身）遂将原著交给中村正直翻译。 但中村异常繁忙，仅译出了第一章"史学原论"上半部分即告中止。 从伦敦回国的末松谦澄在得知这种情况后，推荐友人嵯峨正作继续翻译，并表示愿意承担校对工作。 1887 年 2 月修史馆编修长重野安绎、编修久米邦武确认嵯峨所译的第一章下半部无问题后，委托嵯峨完成第二章以后的翻译。① 但是，本书翻译完成后最终未能刊行，题名《史学》的译稿装订成七册收藏于东京大学史料编纂所。 编纂《明治文学全集》时，译稿的第一章经整理后以"史学原序及目录·第一编上下"的题名收入全集的第 78 册《明治史论集二》。 编者在"解题"中说，整理时最大限度地采用了译稿中红笔修改后的文字。② 这样活字本是否真正反映了中村正直的译文与译词就都值得怀疑了。 通过对原始文稿的调查，③我们可以发现以下的

---

① 译稿上有大量红笔修改的部分，译稿所附的附笺说，中村氏译笔拙劣，改不胜改，而嵯峨的译文较好。《明治文学全集》本卷的编者认为修改者应是重野安绎、久米邦武。

② 《明治文学全集 78·明治史论集二》，东京：筑摩书房 1976 年版，第 422 页。

③ 《史学》已经在东京大学史料编纂所的网页上公开，但是图像是黑白二色，无法确认红笔修改的部分。 尽管如此仍可看出《史学》原序中的"学理上"、中村正直原稿中的"学术上"均被修订者改为"科学的"。

修改部分:

1. 中村译稿中原来的小标题「学科（学問/学術）」被红笔删除。

2. 中村译稿中原来的「学科（学問）」，被红笔修改为"科学（学問）"。

3. 中村译稿中原来的「学術上ノ方法ニ依テ」被红笔改成「科学的ニ」。

也就是说飞田引文中的"科学"都是红笔修改后的部分，中村正直原来使用的是"学科""学术"和"学问"，既没有"科学"也没有"科学的"。

中村的翻译应该是 1880 年拿到原著之后不久进行的，故在术语上和《明六杂志》完全一致。 而重野、久米等人的修改则是 1887 年前后进行的。 在这七年多的时间里，日本的人文科学术语发生了极大的变化。

第四节　"科学"在日本

西方的学术细分为不同的科，某一专科的学问又简略地表述为"一科之学""一科学""科学"，这种情况在西周的《百学连环》之前就已经存在了。 例如，科学史研究的成果显示，兰学家高野长英在 1832 年出版的《医原枢要》题言中写道："人身穷理为医家之一科学"（见书影）。 这里的"人身穷理"就是生理学，高野说生理学构成了医学的一个专门学问。 高野的用法和宇田川榕庵的《植学启原》中的"三科之学"的例子大致相同。 进入明治期以后，会津藩士广泽安任（1830～1891）的《囚中八首衍义》（1869）中出现了2例"科学"：

> 人位等品之说不得不自废，废之则不得不予之自主权，而使人自立其家产也。是为初头下手第一着眼，而导之科学[学不分科则不专，不专所以不为用也]，则民智自开。（中略）人生八岁入小学，十五寄宿大学，十八大沙汰之，撰（选?）其所能而就科学以事专门。"①

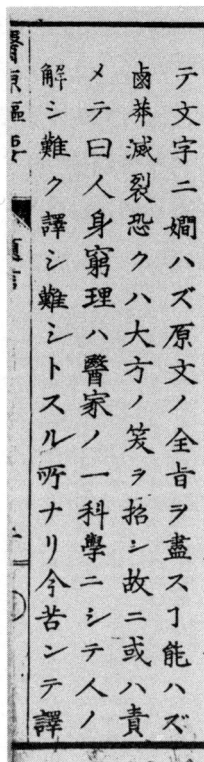

高野长英《医原枢要》题言

方括号中是双行夹注，解释"科学"，意为专科之学。 广泽特别强调了分科的必要性。

---

① 原文为汉文。 根据田野村忠温论文所载"囚中八首衍义"书影抄录。 标点为笔者所加，方括号中为双行夹注。 关于"科学"早期的例证以及在日本的展开，田野村教授做了非常详细的梳理。 参见氏著《科学の語史——漸次的・段階の変貌と普及の様相》，载《大阪大学文学研究科紀要》2016年，第123—181页。

1872 年堺县的教育部门发布的《学问须知》（1872，原名《学问心得》）上说，"优秀俊才进入中学、大学，学专门科学，为国家贡献力量"。 文中的"专门科学"有"ひとつをしらべるまなび"（了解专一科目的学习）的附注。 这种一科之学意义的"科学"集中出现在当时教育行政部门及文部省的出版物中。

广泽安任《囚中八首衍义》(1869)　　　　《学问须知》(1872)

在这些例子中，"科学"似乎都无法和 science 建立对译关系。 尽管作为译词"科学"的成立可能没有明确的造词意识和造词者，但随着西方学术体系的全盘引介，指称 science 所涵盖的全部内容的新名称的出现也就是不可回避的时代要求了。 笔者认为井上哲次郎的《哲学字汇》（1881）是一个重要的转折点。《哲学字汇》："Science＝理学、科学"，尽管是第二译词，但首次明确地建立了 science 和"科学"的对译关系。 需要指出的是，如下所示，《哲学字汇》中的 science 还保留有一科一学的意思。

《哲学字汇》(1881)

Ethical science 伦理学

Immaterial science 无形学

Material science 有形学

Mental science 心理学

Moral science 道义学

Physical science 物性学

Political science 政理学

Social science 世态学

井上不仅在《哲学字汇》中确立了 science＝科学的关系，还开始密集地使用综合意义上的"科学"。他在《东洋学艺杂志》第 4 期（1882）上发表了《泰西人の孔子を評するを評す》（评西洋人之评孔子），文中对西方学者"孔孟ノ理論ハ、科学ノ法ニ合ハス"（孔孟的理论不合乎科学的方法）的主张加以评论，其中"科学ノ法"反复出现了 9 次。这里为"科学"标注的发音是 scientific，即形容词用法。同一时期，井上哲次郎还翻译了培因的《心理新说》（1882）。在译著的序言中，井上指出西方的文明利器"无一不本科学。然而科学原出于哲学"。这里的"哲学"是古希腊语的意思，即所有学问的总称，是上位概念，而"科学"是下位概念，是形下之学。日语"科学的"这一形容词的早期用例也是井上哲次郎提供的，[1]井上在《西洋哲学讲义》（1883）中写道："苏格拉底独自一人知之，并据此启发世人蒙昧之心，努力使众人萌发科学的概念（scientific notions）。"与此同义的还有，"精神不灭论始于毕达哥拉斯，但以科学的方法加以论证的是苏格拉底"（卷二，27 页上）。这些例子表明井上的"科学"不再仅仅局限于学科的构成内容，已经引申到了科学之所以为科学的方法论的层面。[2]此后，"科学"逐渐为日本社会所接受。"科学"在外语辞典中开始成为 science 的标准译词的过程如下：

---

[1] 田野村忠温：《科学の語史——漸次的・段階的変貌と普及の様相》，载《大阪大学文学研究科紀要》2016 年。
[2] 论述的"科学性"，除了言之有据外，还应包括逻辑学意义上的推理之方法等。

- 《附音插图　英和字汇》(1873)：science，学艺、学问、智慧、知识

- 《增补订正　英和字汇》(再版，1882)：science，科学、学、理学、艺、学问……

- 《和英语林集成》(3 版，1885)：科学，scientific studies；science in general

Science，学、术、学问

- 《学校用英和字典》(1885)：science，理学、知识、学、学问

- 《附音插图　和译英字汇》(1887)：science，知识、博学、考究、穷理；理学、科学

- 《双解英和大辞典》(1892)：science，知识、博学、考究、穷理；理学、科学

- 《新译英和辞典》(1902)：science，科学；学；知识

- 《模范英和辞典》(1911)：science，科学；学；知识

可以看出"科学"逐渐被采用为译词，译词中的顺序也在不断上升。下面我们来看一下国语辞典的情况。

- 《言海》(1888～1891) 理学：名词，是物理学、天文学、化学、地质学、生理学、解剖学、博物学等的总称。(该辞典不收"科学"，笔者，后同)

- 《汉英对照伊吕波辞典》(1888)：科学，名词，穷物之理的学问，物理学 Physics，natural philosophy。

- 《日本大辞书》(1893)：科学，理学的另一名称。

- 《日本大辞典》(1896)：理学。science。

- 《帝国大辞典》(1896)：万物皆有法则，据此而进行的研究的学问的一切叫科学。与哲学相对而称，科学为形而下之学，哲学为形而上之学。（该辞典不收"科学的"）

- 《日本新辞林》(1897)：针对事物的法则加以研究的学问，均称之为科学，与哲学相对。（该辞典不收"科学的"）

- 《辞林》(1910)：[science]建立在假定上，关于特殊现象原理的概括，并加以系统行动阐述、证明，即是科学。根据研究对象的不同，可分为自然科学和精神科学二种。物理学、化学、动物学、植物学等属于前者，伦理学、心理学、法律学等属于后者。又可以根据研究方法的不同，分为记述科学和规范科学二种。前者有物理学、化学、心理学等以说明为主的学科；后者有伦理学、法律学等除了客观记述以外，还致力于建立法则的学科。**"科学的"** 意为，根据个别事实，对无秩序的想象或非主观的意见，加以概括性的、有系统的论述和证明的情形。

从以上可知，在早期的国语辞典里，"科学"是作为"理学"或"哲学"的对立项加以解释的，而到了《辞林》（1910）释义发生了重大的变化，不但增加了百科辞典式的说明，还专设了词条："科学的"。

下面让我们来看一下日本专业术语辞典等对"科学"的

解释：

- 《普通术语辞汇》（1905）：英 science；德 Wissenschaft（一）根据精密的观察和确实的思考得出的，有秩序、有条理的组织而成的知识谓之科学。（二）由事实之间的关联产生的规律相关的知识，即精神的或物理的法则的科学。[科学的]（一）对哲学而言，属于自然现象研究的意思；（二）对美术和文学而言，专门分析、综合事物的结构组织，揭示其本质的意思；（三）其说明、议论，或者记述保持有组织的关联，在观察上、言说方式上，非支离破碎的状态。

- 《国民百科辞典》（1908）：科学（一）凡组织成体系之知识。对常识而言。（二）哲学讨论的对象是世间万物，与此相比，科学的对象限于其中一部分。例如生物学、心理学的研究以自然界的一部分生物和精神现象为对象。科学又根据研究对象的不同性质，分为自然科学（如天文学、物理学等）与精神科学（如心理学、经济学等）。另外，研究事物发生起源的是记述科学，如物理学、心理学等；探讨人们行为、思想、情绪所应该遵循的准则的是规范科学。

- 《文学新语小辞典》（1912）：有秩序、有条理地组织而成的确实的知识谓之科学。自然科学是物理学或者植物学等关于自然现象的科学；对伦理学、逻辑学等必须如此的人类法则加以研究的科学称为规范科学。一般所说的"**科学的**",很多情况下可以作有组织的意思来理解。另外,对于哲学所说的"科学的",主要表示研究自然现象,和自然科学上的意思相近。

在日本,第一本冠以"科学"之名的书是《科学入门》(1885,普及舍译),原著是赫胥黎为《科学初级读本》(*Science Primers*)写的导论。进入明治二十年代后(1887~),"科学"成为日本社会的流行词。[①] 但是日本的"科学"没有摆脱"理学"影响,从工具书的释义上看,此时的"科学"意义仍偏重于自然科学,如上述辞典的注释反映了当时的日本社会把科学与哲学对立起来理解的倾向。

关于日本近代哲学与科学的关系,辻哲夫指出:

日本在接受近代科学时并没有认识到科学本身所具有的治学方法、理论认识结构等都是科学内在的本质因素;而是仅仅将科学作为掌握有用的专门知识的学问,即作为实学、理学加以接受的。这时,日本实际上还不具备从本源上准确地把握科学的方法论及其认识结构的可能性。然而,近代哲学的引介在弥补上述缺欠方面发挥了重要作用,尽管这并不是

---

① 飞田良文:《明治生まれの日本語》,东京:淡交社 2002 年版,第 206—210 页。

引介者的初衷。这可以说是一个极具日本特色的过程。①

日本"科学"的意义和用法也深深影响了中国。下面我们将会看到，上文中的"日本"如果换成东方，或径直改为"中国"也并非无的放矢。

江户时代以来，日语先后用"实理、实学、穷理、究理、理学、学、学问、学术、术、技、艺、技术、艺术"等指称西方的 science，或其中的一部分内容。西周不经意之间使用的"科学"，在井上哲次郎等的哲学语境中成为 science 的译词，逐渐脱离具体的科目内容，转向科学所内含的特质，最终在日语中定型，并在汉字文化圈内普及。也许有人要问：science 为何不是兰学以来使用的"穷理"或中国的"格致"？译词的成功与否并不完全取决于造词的理据等词汇的内部原因，语言社会的价值取向等偶然性因素更为重要。

① 辻哲夫：《日本の科学思想》，东京：中央公论社 2013 年版，第 179—180 页。

第二章

中国的『科学』

第一节 "科学"进入汉语

下面让我们把视线转向中国。 西方存在着与中国完全不同的学术，这种认识从明末耶稣会士进入中国时就逐渐产生了。这样，如何用汉语指称西方的学术就是一个必须解决的问题了。 对于西士所传之学的内容，徐光启说"略有三种，大者修身事天，小者格物穷理，……"，[1]并将"格物穷理之学"视作天学之"余绪"。[2] 进入 19 世纪后，西学由新教传教士再次传

---

[1] 《刻几何原本序》（1607），崇祯初年天学初函本，日本东京早稻田大学公开网络资源。

[2] 《泰西水法序》（1612），《明清之际西学文本：50 种重要文献汇编》（第三册），黄兴涛、王国荣编，北京：中华书局 2013 年版。

入中国，人们用"学、学术"称呼西方知识的同时，还用"格致、格物"等来指称 science 中的自然科学部分，进而又专指物理学和化学，或者单指物理学。① 这一切都表明国人是从形下的"术"的层面来把握西学的。 在英语世界，同一时期的 science 也有专指自然科学的倾向，中国和西方冥冥中有相通之处。 那么，汉语的文献中是否有"科学"这一词语形式呢？有学者论证汉语典籍中有"科学"，只是意思和现代汉语中的"科学"不一样，是科举之学的缩略形式。 但是进一步的考证结果是，至 19 世纪末为止，汉语文献中并没有"科学"。 以往研究中所举的例子，有的是"學"与"睾"的误认，有的是解读者断句的错误。②

现代汉语中的"科学"一词来自哪里？ 结论是来自日语，就是说"科学"是日本人创造的译词。 那么在中国，谁、何时开始使用"科学"的？ 意义用法如何？ 对于这些问题的回答就成了近代学术史的关注对象。 关于"科学"的研究可分为词汇史和概念史两个方面，前者的研究有袁翰青《科学、技术两词溯源》（《北京晚报》，1985 年 9 月 19 日）、朱发建《最早引进"科学"一词的中国人辨析》（《吉首大学学报（社会科学版）》2005 年第 2 期）、周程《究竟谁在中国最先使用了"科

---

① 樊洪业：《从"格致"到"科学"》，载《自然辩证法通讯》1998 年第 10 卷第 3 期，第 39—50 页。

② 田野村忠温：《科学の語史——漸次的・段階的変貌と普及の様相》，载《大阪大学文学研究科纪要》2016 年。

学"一词？》（《自然辩证法通讯》2009 年第 4 期）等；后者的
研究有樊洪业《从"格致"到"科学"》（《自然辩证法通讯》
第 10 卷第 3 期，1988 年），金观涛、刘青峰《观念史研究：中
国现代重要政治术语的形成》（香港中文大学出版社，
2008 年）、艾尔曼《从前现代的格致学到现代的科学》（《中国
学术》第 2 辑，2000 年）、张帆《从"格致"到"科学"：晚清
学术体系的过渡与别择（1895～1905 年）》（《学术研究》2009
年第 12 期）等。樊洪业的论文以较大的篇幅深入探讨了从
"格致"到"科学"的转换问题；金、刘的专著第 12 章运用语
料库统计分析的新手法论证了中国近代语境中的"格致""科
学"的消长以及概念史上的若干问题。词汇史和概念史的研究
往往无法截然分开，作为概念史研究的前提，日本译词"科
学"的传入和普及定型的过程是一个必须廓清的问题。关于什
么人最先在汉语的文献中使用了"科学"这一提问，樊洪业认
为这一荣誉属于康有为，康有为的《日本书目志》中录有《科
学入门》和《科学之原理》两书。樊洪业还指出："康有为不
仅是最早引入'科学'的人，也是最早使用'科学'的人。他
在 1898 年进呈光绪帝的《请废八股试帖楷法试士改用策论折》
中有三处使用了'科学'。"以下是樊文指出的 3 个例子：①

---

① 《康有为全集》第四集，姜义华、张荣华编校，北京：中国人民大学出版社
2007 年版，第 79—80 页。下划线为笔者所加，下同。

1. 夫以总角至壮至老,实为最有用之年华、最有用之精力,假以从事<u>科学</u>,讲求政艺,则三百万之人才,足以当荷兰、瑞典、丹墨、瑞士之民数矣。

2. 从此内讲中国文学,以研经义、国闻、掌故、名物,则为有用之才;外求各国<u>科学</u>,以研工艺、物理、政教、法律,则为通方之学。以中国之大,求人才之多,在反掌间耳。

3. 本经原史,明中通外,犹可救空疏之宿弊,事有用之问学。然后宏开校舍,教以<u>科学</u>。俟学校尽开,徐废科举。其试帖风云月露之词,亦皆无用。

但是,根据其他学者的研究,使用了"科学"一词的康有为奏折有事后改篡之嫌,不足为凭。《康有为全集》的编者在"第四集编校说明"中说:康有为在 1898 年 1 月至 9 月间撰写的大量奏折"多数是以往未曾刊行或认为已遭抄没毁版的珍贵资料。麦孟华所辑《戊戌奏稿》,实系康有为流亡海外时追记补撰,与原折有所不同(下略)"。编校说明注出康的《改用策论折》进呈时间为 1898 年 6 月 17 日,但并没有言及所录文字是否与原折有出入。其实,康有为在同年 6 月的另一篇奏折《开设学校折》中也有两例"科学":

- 高等、专门学者,教人民之应用,以为执业者也。大学者,犹高等学也,磨之砻之,精之深之,以为长为师、为士大夫者也。其条理至详,<u>科学</u>至繁。荷兰、比利时、瑞典、丹麦

以蕞尔国而能独立者,以诸学并立,大学岿然,人才不可胜用故也。(第四集 315 页)

- 今变法百事可急就,而兴学养才不可以一日致也,故臣请立学亟亟也。若其设师范、分科学、撰课本、定章程,其事至繁,非专立学部,妙选人才,不能致效也。(第四集 316 页)

从词义上看,康有为奏折中所见的"科学"都应该被解释为自然科学的一个专门术语。 而康有为《日本书目志》中的"科学",两个例子都是书名。 书中的按语也没有关于"科学"的任何说明。 既然我们无法判断康有为是如何理解"科学"的,也就不能把书中的"科学"当作进入中国的第一个"使用"例来看待。① 也就是说,我们不仅要看文献中一个词是否存在,而且要分析使用者对词义的把握情况。 另外,《日本书目志》中另有十余种书名含"外科学、内科学、产科学、眼科学、理科学"的图书,这种一科之学的书名,对康有为理解"科学"是否有某种影响,也是需要加以考虑的问题。

---

① 参见沈国威:《康有为与〈日本书目志〉》,载《或问》2003 年第 5 期,第 51—69 页。 在这篇论文中笔者指出《日本书目志》是康有为利用日本书店图书目录编纂而成的,所录的大部分日本书,他其实并没有看到实物。《科学入门》(1885)是根据赫胥黎的书翻译的,《科学之原理》是为中学生撰写的普及读物,在日本都有很大的影响。《日本书目志》中还收录了《科学入门》的另一种译本:《学理通论》(1891)。

朱发建认为最早使用"科学"的是王国维。① 王国维在1899年12月（光绪二十五年十一月）刊行的《东洋史要》的序中写道：

> 同学山阴樊君炳清，译日本桑原骘藏君之东洋史要既成，刊有日矣。吾师藤田学士乃论述此书之大恉，而命国维书其端曰：近世历史为一<u>科学</u>。故事实之间不可无系统，抑无论何学，苟无系统之智识者，不可谓之<u>科学</u>。②

由此可知，这个序是藤田丰八（1869～1929）口述，③王国维笔录的文字。 文中所使用的"历史、系统、社会、关系、团体、文化、集合、影响、事变"等都是当时汉语中原来不存在，或意思不同的词语。 这里的两例"科学"，一例是某一专门之学的意思；另一例是具有某种特质的知识体系，更接近于现在的用法。 在序的结尾，藤田寄语中国读者："余尤愿读是书者，就历史上诸般之关系，以解释东方诸国现时之社会状态，使毋失为科学之研究。"其中的"科学"做形容词使用，从方法上对历史研究做了限定。 藤田丰八和王国维之间关于

---

① 周程认为唐廷枢"是中国近代第一个使用'科学'之人"。 但是文中所示唐廷枢的例子"教科学"与"教科书"的结构相同，应该分析为"教科"＋"学"。
② 桑原骘藏：《东洋史要》，格致学堂译，东京：东文学社1899年版。
③ 藤田丰八，日本东洋史学家，清末至民国在中国工作长达17年之久。 回国后曾任早稻田大学、东京帝国大学、台北帝国大学教授等职。

科学有过何种讨论不得而知，明白无误的是：藤田告诉他的弟子，科学的本质是各种现象及知识之间的体系性，历史学也不例外。这正是自中村正直以来的日本实证主义史学的主张（参见第一章中西周关于体系与历史学关系的论述）。王国维于1900年以后开始独自翻译日文书籍，译文或著述中多次出现"科学"，其对"科学"的理解和使用都是基于日语的。

（1）凡如何之学问，其有可谓之<u>科学</u>者，不可无或广或狭首尾完全一系之组织。无此组织者，支离灭裂，终不可谓之<u>科学</u>也。（中略）如教育学固科学之一，故不可无贯通全体之一原则。（《教育学》，1901年，《王国维全集》第16卷328页①）

（2）凡学问之事，共可称<u>科学</u>以上者，必不可无系统。系统者何？立一系以分类是已。（《欧罗巴通史序》，1901年1月，《王国维全集》第14卷3页）

（3）然精神现象之<u>科学</u>的研究属于心理学，社会现象之<u>科学</u>的研究属于社会学。（《伦理学》，1902年，《王国维全集》第16卷514页）

（4）抑我国人之特质，实际的也，通俗的也；西洋人之特

---

① 王国维：《王国维全集》，谢维扬、房鑫亮主编，浙江教育出版社2010年版。下同。

质,思辨的也,<u>科学的</u>也。(《论新学语之输入》,1904 年,《王国维全集》第 1 卷 126 页)

(5)此种<u>非科学的</u>知识,与医生之但知某病与其治疗之法,而不知二者之关系无异。但是,一般社会上的使用如何?(《叔本华之哲学及其教育学说》,1904 年,《王国维全集》第 1 卷 46 页)

(6)美术之知识全为直观之知识,而无概念杂乎其间,故叔氏之视美术也,尤重于<u>科学</u>。盖<u>科学</u>之源虽存于直观,而既成一<u>科学</u>以后,则必有整然之系统。(《叔本华之哲学及其教育学说》,1904 年,《王国维全集》第 1 卷 50 页)

(7)夫然后吾人得以利用此物,有其利而无其害,以使吾人生活之欲增进于无穷。此<u>科学</u>之功效也。故<u>科学</u>上之成功,虽若层楼杰观,高严钜庑,然其基址则筑乎生活之欲之上,与政治上之系统立于生活之欲之上无以异。然则吾人理论与实际之二方面,皆此生活之欲之结果也。(《红楼梦评论》,1904 年,《王国维全集》第 1 卷 56 页)

(8)一切<u>科学</u>,无不从充足理由原则之某形式者。<u>科学</u>之题目但现象耳,现象之变化及关系耳。今有一物焉,超乎一切变化关系之外,而为现象之内容。(《叔本华与尼采》1904 年,《王国维全集》第 1 卷 82 页)

上面例句中的"科学的""非科学的"等是当时日语里形

容词的用法，表达的是科学本身所具有的特质。 不过，仅就时间而论，梁启超《论太平洋之未来与日本国策》(《清议报》第 13 期，光绪二十五年三月) 中的例子则略早于王国维的"科学"：

> 然则太平洋之未来。于政事商业宗教学术。凡人种增进。及其争夺之事。关系不小。而将为万国民之大战场。殆不容疑也。及于彼时。则其动机所起。有二个之现象。一曰科学之进步。二曰列强之均势是也。

《清议报》第 18 期 (1899 年 5 月) 上还登载了井上哲次郎的《心理新说序》(1882)：

> 电线也。火船也。自鸣钟也。我邦人唯其物之奇。而不知究其所由来。岂不浅见之甚耶。夫电线火船与自鸣钟。无一不本科学。然而科学原出于哲学。而心理学实为哲学之根基矣。昔希腊之盛。琐克刺底、布拉多、亚里私特德等。前后辈出。于是乎科学始胚胎焉。

如第一章所述，井上序中的"科学"是哲学的下位概念，指称形下之学。 然而，我们必须认识到梁启超的文章是日本报刊的译述，井上的序，原文就是汉文，依样画葫芦就可以。 梁本人对"科学"一词的理解很难达到经过藤田丰八口传亲授的

王国维的深度。 这时期的报刊上也出现了同样受到日语影响的
例子：

> ［战法限制］弭兵会议定书中有限制战法一则。条目分
> 十项。(中略)十　与宗教、美术、<u>科学</u>、慈善等事宜有关系
> 之房屋要务不加攻击。但敌兵据以为防御之用,则不在
> 此限。①

《国闻报》(第 689 号,1899 年 10 月 2 日)"外国新闻"栏
中的这则消息, 还使用了当时汉语并不常见的"宗教""美术"
等词。 这条消息, 10 月 13 日又被读者更广泛的《申报》
转载。

进入 20 世纪以后, 日本的图书、报刊上的文章被一窝蜂地
译成中文, 清政府推进的教育改革也参考了日本学校的规章制
度, 这是"科学"进入汉语的两个主要渠道。 前者如《清议
报》《新民丛报》等杂志上有大量的"科学", 及时反映了日语
中的意义和用法;后者主要出现在清政府官吏的日本学校视察
报告和相关材料的翻译中, 原文中的"学科"更多地被处理为
"科学"。 1902 年公布的《京师大学堂章程》等壬寅学制的几
个文献中没有使用"科学", 但大学的课程安排, 如分科门目

---

① 田野村忠温:《科学の語史——漸次的・段階的変貌と普及の様相》,载《大阪
大学文学研究科紀要》2016 年,第 157 页。

表，仿日本例，分为政治科、文学科、格致科、农业科、工艺科、商务科、医术科等；各科的讲授内容规定为政治学、法律学、史学等，"科学"也就呼之欲出了。 1904 年公布的《学务纲要》，全文不足 2 万字，"科学"出现了 30 余次。但是从"其病由不讲西国科学而好谈西国政治法律起。 盖科学皆有实艺，政法易涉空谈，崇实戒虚，最为防患正俗要领"，"凡教员科学讲义，学生科学问答，于文辞之间不得涉于鄙俚粗率"等用例可知，①文中的"科学"指的是"实艺"，并不包括政治、法律等人文科学。 纲要的制定者也没有认识到：中国既需要引入 science 所体现的西方学术体系，即建构新的学科体制；又必须接受 science 赖以成立的、与中学完全不同的治学方法，以及被其称为"鄙俚粗率"的科学术语。

下面让我们来看一下当时各类工具书中的"科学"。

（1）《新尔雅》（1903）。 本书是留日学生编纂的术语集，其中对一系列"科学"的定义是：

> 研究世界之现象，与以系统的知识者，名曰科学。研究自然之现象，如动植、物理、化学等者，名曰自然科学。以自然之现象为现象，而发见其真理事物之规则者，名曰

---

① 《学务纲要》，1903 年 9 月，转引自舒新城编：《近代中国教育史料》，北京：中华书局 1928 年版，第 8—30 页。

记述的科学。亦曰理论科学。研究其对象之价值,而奉自然律为命令者,名曰规范的科学。从研究之对象,而以经验的、归纳的排列一定秩序者,名曰经验的科学。从普通知识推论至极处,如物理学、数学等,名曰演绎的科学。含有精神作用,如心理学、伦理学、教育学、论理学(即逻辑学,引用者)等,名曰精神科学。以一切知识,皆统属于心者,名曰心的科学。以普偏的知识组成一系统者,名曰普偏的科学。(59页)

(2)《普通专门/科学日语辞典》(1908)。 这是一本译自日语的综合性术语辞典,"科学"本身并没有立为词条。该辞典凡例说:本书蒐集各种名辞下加注释,旁附假名,以供研究科学及练习日语者参考之用。 术语涉及博物(植物、动物、矿物、生理)、理化(物理、化学)、数学(算术、代数、几何、三角)、历史、地理、法制、经济、银行、铁道等专业。

(3)《东中大辞典》(1908)。 这是第一部收录一般词汇的日汉词典,但名词多为各学科的术语,反映了时代的特征。本词典里"科学"没有作为词条立项,但经济学、化学、物理学等都被解释为"科学之一",对于编纂者来说,"科学"还是一科之学。

(4)《英华大辞典》(1908)。 本辞典主要参考吸收了日本《新译英和辞典》(1902)的译词。 Science, 1. Knowledge,

学，智，知，理；2. Knowledge reduced to system，专门学，有条理之学，科学。 在这本辞典里 system 被译成"条理"，这时"系统、体系"等词语在汉语中还没有普及定型。

（5）*English‑Chinese Dictionary of the Standard Chinese Spoken Language*（官话），1916。 Science，学（部定），科学（新），理学，学术。 释义中的"部定"就是清学部编订名词馆在严复的主持下审定的标准术语，用汉字"新"表示的术语来源于古汉语和日语，后者是主要的部分，其中许多词在当时已经是通用的口语词汇了。

（6）《普通百科新大辞典》（1910）。 本词典以日本《国民百科辞典》（富山房 1908 年）为底本翻译编纂而成。"科学"条释义如下：

> 科学，（一）凡组织成体系之知识。对于常识而言。（二）对于哲学对象之统合者。而其对象之范围为部分者。如生物学—心理学。各考究万有一部分之生物界。精神现象等。其因自然现象及精神现象为对象者。则分自然科学。（天文学。物理学等。）与精神科学。（心理学。计学等。）又因研究事物生成进行。而为叙述。与就吾人行为思想情绪。定为规则。则分说明科学。（物理学心理学等）与规范科学。（伦理学名学等）又可分为三类。（一）玄学。（名学数学等）（二）问学。一名玄著学（物理化学等）（三）著学。（天文地理博物生理学等）

这一条目的释义是日本《国民百科辞典》"科学"词条的翻译，但译文晦涩，读者很难做出准确无误的理解。（参见第1章中的译文）有趣的是，下划线部分的内容来自严复。严复曾为《普通百科新大辞典》撰写了序言，编者黄摩西也在"凡例"中说"一切学语以学部鉴定者为主，余则取通行最广者"。二人似有很深的交往。

（7）《辞源》（1915）。中国第一部现代意义的语文辞典。其中对"科学"和"理学"的释义分别如下。

> 【科学】以一定之对象，为研究之范围，而于其间求统一确实之知识者，谓之科学。从广义言，则凡知识之有系统，而能归纳之于原理者，皆谓之科学。故哲学史学等，皆科学是也。从狭义言，则科学与哲学史学三者对举，科学究其所当然。而哲学明其所以然，史学述其所已然。又某派学者，并谓研究之材料，或散漫或变动。非具一定体系者，皆不得称科学。如谓教育学政治学之类。今尚不能成一科学是也。
>
> 【理学】1. 性理之学，汉人治经，多诂其义。宋人乃梳其理。故有理学之称。2. 自然科学之总称。包物理学、化学、星学、地质学、动植物学、矿物学等而言。

可知与《普通百科新大辞典》一样，《辞源》的释义也全面参照了当时日本的工具书。

第二节　策问科学

1898 年戊戌变法期间，康有为奏请废八股改策论，光绪上谕指示"自下科为始，废八股为策论"，又命令将经济岁科归并正科，此后考试以实学实政为主。[1] 但戊戌维新百日即告失败，1900 年的义和团运动又打乱了科考的正常节奏，原定的科举未能如期举行。 1902 年光绪壬寅补行庚子辛丑恩正并科乡试，虽然没有能够完全废止八股文，但是第一次加入了策论。1902 年，京师大学堂乱后恢复，关于教育、人才登用制度的改革也在酝酿中。 包括江西乡试在内的各地的策题就如实地反映了清政府内部分官员意欲改革旧的教育内容、建构新的学科体制的摸索。 江西壬寅乡试策题中关于教育的题目是"欧洲学派导源希腊 师徒授受以何人为最精 学校规模以何国为最善 异同得失试详言之策；西人精求格致 多就物土之宜 悟出农工专门之业然新艺之振兴 无论繁简若何 利用若何 必通译其字义 乃得端倪 试证其理策"（《光绪壬寅补行庚子辛丑恩正并科乡试·江西闱墨》）。 1903 年 7 月 10 日（光绪二十九年五月二十七日），几

---

[1] 关于康有为一系列奏折及光绪的上谕，见陈元晖、陈学恂主编：《中国近代教育史资料汇编·戊戌时期教育》，上海教育出版社 2007 年版，第 37—48 页。

经周折的经济特科也终于开考,第一场首题(论题)为"大戴礼保保其身体 傅傅之德义 师导之教训 与近世各国学校体育德育智育同义论"。 同年秋,癸卯恩科乡试举行,继壬寅恩科之后,癸卯恩科同样在义题、论题之外加试了策论。 至10月6日第二场策论结束,江西以外考区的策问中关于教育等的策题情况如下:

- 陕西:泰西学校 大抵专门之业 岁时考试及格者予以学凭 号其人为学士 为艺师 为文学 其仕进则或出乡举 或出明律 或出军功劳绩 不必尽由学校 试详考之以资参证策

- 甘肃:学堂之设 上仿周宣王遗意 旁采东西各国成法 虽当风气初开规模草创 宜如何定其宗旨 得其会通 期有实效而无流弊策

- 浙江:日人论学堂 谓以东洋道德 西洋工技合之始成是其得力西学只体育智育 而德育仍属之本国 中国伦理至粹 惟博采西法 应与日同 然日能合并东西 陶镕一冶非徒恃美备之法度 尤在运用之精神 今学堂欲仿日制应如何考镜以握其要策

- 湖北:泰西小学教育之旨 斯巴达雅典宽严异尚 教育名家 或主家庭教育 或主学校教育 或主体育智育德育 诸义孰得孰失 宜融会贯通 折衷至当 以端蒙养之基策

- 福建:泰西各国学校 孰多 其成效若何策

江西乡试策论五题，首题直接询问科学：①

　　西国学术　有形上形下之分　其已成科学者　凡几　要旨
若何　何者最为切用　宜审其先后缓急之序　以资采择而收
实效策

这道策题在"西方的学术分为形上之学和形下之学"的预
设下，②向应试士子提出了如下的问题：（1）什么是"形上之
学"，什么是"形下之学"？　哪些已经成为"一科之学"？
（2）各学科的内容和主旨，以及各科之间的次第如何？（3）以
中国当时之形势，哪一学科最为实用？　采用西方各学如何区分
轻重缓急，以速收实效？

如果说科举的题目直接反映了 1903 年当时出题者或为政者
的考量，那么解答则是应试士子知识水平的缩影。　当时中国社
会是怎样看待"科学"的？　得以高中的答卷里都包含了哪些内
容，与当时的社会形势有何种关联？　考生的知识来自何处？
尤其是时代的先行者们，如严复关于科学的思想、主张在策问
答卷中是否有所反映？　以上就是笔者试图在本节中进行探讨的

---

① 癸卯江西乡试的典试考官为御史张仁黼和湖北学政李家驹。　李家驹（1871～
1938），字柳溪，1894 年进士。　1898 年任新开办的京师大学堂提调，1903 年
任湖北学政，1906 年任京师大学堂总监督，1909 年（宣统元年），授学部左侍
郎。　似对教育问题有所思考。
② 我们还需要考虑对于出题者来说，所谓的形上之学和形下之学与西政西艺有何
种关系。

问题。

《江西乡试录》《江西闱墨》收录了一部分策问答卷，这些答卷为我们提供了观察、分析当时中国知识阶层的科学观的绝好素材。 下面我们就这些答卷的内容以及严复对考生的影响做一些讨论。《江西乡试录》《江西闱墨》一共收录了 4 个人的答卷，他们分别是，第一名熊元锷（1879～1906），时年 23 岁；第六名汤漪（1881～1942），时年 22 岁；[①]第七名黄为基（1884～1915），时年 19 岁；[②]第十名饶孟任（1882～1941），时年 21 岁。[③] 取得江西乡试第一名的熊元锷是严复的私淑弟子，他的答卷有 1100 余字，可以分为 12 段。

第一段是文章的导入部分，强调"学术"，即西学是"一切事物原理之所从出者"，对于国家，乃至人类社会都具有无法比拟的重要性。 第二段的大意是：二百年来西方学者重视科学思维方式的训练及分析能力的培养，采用归纳与演绎的方法，极大地促进了学术的发展；很多知识内容成为一科之学，人类获得了支配、改造大自然的主动权。 在第二段，熊元锷为回答

---

① 汤漪，字斐予，江西泰和人。 中举后，东渡日本求学，毕业于日本庆应大学预科，后又留美。 1911 年回中国，任各省都督府代表联合会代表、南京临时参议院议员等职。 1938 年任行政院赈济委员会委员。 1942 年 4 月 15 日，在重庆去世。

② 黄为基，字远庸，笔名远生。 光绪癸卯举人，甲辰进士。 后赴日本留学，入日本中央大学，攻读法律。 至民国时期成为著名的记者，被认作帝党于旧金山遭暗杀。

③ 饶孟任，字伯舆，江西南昌人。 癸卯举人，甲辰进士。 留学日本、英国学习法律，回国后历任总统府机要秘书、众议院议员、法政专科学校校长、司法院次长、币制局总裁、第一次世界大战万国财政善后会议中国全权代表等要职。

策题的西国学术"其已成科学者 凡几 要旨若何"做了铺垫。

第三段是对策题的正式回答。 熊氏先说西学分为"元科、间科、著科"三科，然后对元科所含的科目、功用做了介绍。熊元锷指出：元科包括逻辑学和数学，逻辑学研究思维和语言的规律；数学有几何、代数、微积分等内容。 逻辑学和数学的法则非常抽象，所以对形上之学和形下之学（形神道器）都有指导意义。 这两门科学的作用最大、最广。"元科"是abstract science 的译词，严复称之为"玄科"。 可能是避康熙名讳，被熊氏改为"元科"。

第四段解释间科。 熊说间科分为物理和化学两科，前者包括世人所说的声光力电，后者分有机、无机两种。 之所以称之为"间科"，是因为这两个科目处于元科和著科之间。 间科可以告诉我们世间诸事之间的因果关系，帮助我们破除迷信。 更重要的是间科的知识有利于生产制造，与人类社会生活的关系最大。

第五段讲解著科。 著科所含内容最为庞杂，天文地理、气象矿物、动物植物，乃至生理解剖等学在今天为自然科学；历史法律、军事财政为社会科学；社会、伦理为人文科学，这些学科都被归入了著科。 熊元锷没有说明"著科"命名的缘由，也没有说为什么将这些相互之间并无显著共性的学科都置于著科之下，只是指出对著科的各个专门学科，可以运用从元科、间科得到的公理、法则加以深化研究。

第六段熊元锷回答西学形上形下的区别。 他说：既然形上形下各学受元、间、著三科的"统挈",因此这种粗犷的区分已经无关紧要了。 熊还引用培根的话以加强说服力:"英儒培根有言其物为两间之所有者,其理即为学者之所宜穷,所以无小大,无贵贱,无秽净,知穷其理,皆资妙道,此真为学之真谛也。"培根主张大自然的发展过程就是人类认知的源泉,一切自然现象,无论是最低下、最卑贱的事物还是最庄严、最华贵的事物,都有着同样的权利被认知,都是人们直接观察、研究的对象。 和这段话意思相同的文字,首先见于严复的《天演论》(卷下 论一 能实),然后又在《西学门径功用》(1898.10)中再次出现。

第七段熊元锷说明了元、间、著三科的不同功效,这同时也是三科之间的次第;第八段熊元锷说,学问还有两个更重要的作用,一是专门之用,一是普通之用。 这段与严复《西学门径功用》相仿的文字大致涵盖了科学(学术)的意义和功用。熊元锷还指出应该先实学,后理论,先普通(即基本常识),后专门。 这样做的好处是既能培养人的科学精神,又能避免和守旧派发生不必要的冲突。 最后熊元锷借用斯宾塞的话,指出世界各国将学术的发展程度视为文野判定的基准,中国已经落后了,必须急起直追。

以上是对熊元锷答卷进行的简单分析。 其他三人也在答卷中说"西政为本,西艺为末"的观点是"习非成是""本末倒置"。 有人指出欧洲300年前教育被宗教所垄断,目的也只是培养宗教人才而已。 但是近代以后西方的教育摆脱了宗教的束缚，出现了很多自然科学的学者。他们在追求真理时，第一步是观察，第二步是归纳推理，第三步是验证。通过已知或已发生的事情推测未知或未发生的事情，不断发现自然法则和规律，各学科的研究有了进步。有人回顾了西方的学术史，叙述了形上形下学发展的三个起因。还有人指出作为"学"需要建立"公例"，作为"科"（即一科之学）要有因果关系，并能够致用。被收录试卷的4个人都同意科学可以促进社会的发展，增强国家的实力。

《江西乡试录》《江西闱墨》所收高中的数篇答卷中，熊的答卷是最详细、最有系统的。主考官李家驹批其答卷"详悉源流"，张仁黼批"洞达中外"。[①] 之所以能如此，自然是因为熊得到了严复的亲自教诲以及他对严复著述、译著的认真研读。熊元锷，字季廉，江西南昌人，1900年严复避乱沪上，熊登门求教，成为严复的门生。[②] 熊元锷后回到家乡参加了壬寅（1902）江西岁试，他的文章、学识受到江西学政吴士鉴的赏识，推荐他参加1903年7月在北京举行的经济特科考试。[③] 熊元锷随吴士鉴进京后，每天必去拜访严复，为经济特科的考试做了充分准

---

① 李、张的四字评语或没有实质意义。但严复在给熊元锷的信中说："不谓英贤褒为举首，此非所谓一鸣惊人者耶！李柳溪固自有具眼哉！"王庆成等编《严复合集》五，台北：辜公亮文教基金会1998年版，第30页。

② 沈国威：《严复与其门生熊元锷》，载《東アジア文化交流研究》2012年第5号，第213—223页。

③ 柴萼说："吴士鉴典试江西。尤喜新词。解元熊生卷上士鉴批语。直奖其能摹梁文。"《梵天庐丛录·新名词》，北京：中华书局1926年版，卷27，第33—35页。

备。 严复说他"已融会通贯，言下了然"，但是熊并没有得到名次，甚至没能进入复试。 熊元锷回乡后马上又参加了癸卯恩科江西乡试，对"多士夫所不能言"的问题，"条列旧所闻以对，蔚为举首"。①

翌年四月，熊元锷等参加甲辰开封汴梁恩科会试，关于教育的策题为：

> 泰西学堂之设 其旨有三 所以陶铸国民 造就人才振兴实业 国民不能自立 学以教之 使皆有善良之德 忠爱之心 自养之技能 必需之知识 盖东西各国所同 日本则尤注重尚武之精神 此陶铸国民之教育也 讲求政治理财外交诸专门 以备任使 此造就人才之教育也 分设农工商矿诸学 以期复国利民 此振兴实业之教育 三者就为最急策

黄为基、饶孟任二人进士及第，熊元锷和汤漪不售。 对于科场的失败，熊元锷似乎并不以为意。 严复也极赞赏熊元锷荣辱不惊的人生态度。

对于策题"西国学术 有形上形下之分 其已成科学者 凡几"的提问，熊元锷以"元科、间科、著科"作答。 其他人也

---

① 严复：《熊生季廉传》，《南昌文史资料》第1辑，中国人民政治协商会议南昌市委员会文史资料研究委员会编，1983年，内部资料，第104页。

都在回答学科构成时提到了"元科、间科、著科",并赋予"元科"以学术体系内最重要的位置。我们不难推断他们应该有一个共同的知识来源。

1902年岁试乡试导入策问,考生们需要在四书五经以外了解"五洲政教、万国艺术",因为策题"皆重西政西艺"。梁启超主办的《新民丛报》成为应试"秘册",①《申报》上也有策论参考书的广告。②但是翻检当时的《申报》《新民丛报》《大公报》,被考生奉为圭臬的梁启超的言论、著述,以及前出两种策问资料汇编,都没有学科分类和次第等方面的内容,严复应是唯一的知识来源。严复早在《原强》(1895,及修订稿1896)中已经初步介绍了西方学科体系的相关知识,三年后的《西学门径功用》(1898)首次出现了"玄学、玄著学、著学"的名称,至《群学肄言》(1903)严复最后完成了"玄科、间科、著科"的命名。③熊元锷曾两次将散见于当时报章的严复文章结集出版,即《侯官严氏丛刊》(熊元锷等编,1901年刊行)和《国闻报汇编》(爱颖[熊元锷]编,西江欧化社,1903年6月刊行)。两书均收录了《原强》《西学门径功用》等文

---

① 柴萼在《梵天庐丛录·新名词》中说:"而梁氏《新民丛报》。考生奉为秘册。务为新语。以动主司。""梁益为《世界大势论》《饮冰室自由书》。以投时好。[梁自言为赚钱、盖专为考生作也。]"方括号中为双行夹注。

② 例如1903年4月、9月间有《中外策问大观》(28卷,1元6角)、《中外时务策问类编大成》(32卷,1元6角)等的广告。关于应对策论的参考书问题,参见孙青《引渡"新知"的特殊津梁——清末射策新学选本初探》,载《近代史研究》2013年第5期,第81—103页。

③ [英]斯宾塞:《群学肄言》,严复译,上海:上海文明编译书局1903年4月版。

章。 不难想象熊元锷对严复的《原强》《西学门径功用》等文章熟谙于心，故能在答卷中直接引用严复著述中的大段文字。① 在下一节中我们将会看到严复译的《原富》，尤其是《群学肄言》如何成为考生们共同的知识来源。《原富》《群学肄言》分别于 1902 年初、1903 年 4 月出版。 以严复《天演论》的巨大名声，两书理所当然地成了应试的必读书。 四人无一例外地直接引用了严复著述中的大段文字，可见严复对考生们影响力之大。 但是这里还有两个问题，首先不论是在《西学门径功用》中，还是在《群学肄言》中，严复都只使用了"玄科"，没有使用"元科"。 从考生们一致使用"元科"这一点上看，是否仅仅是因为避讳，不约而同地把"玄科"改成了"元科"？ 他们对严复的著译是否有了正确的理解？ 熊元锷受到严复的亲自教诲，乡试成绩名列榜首。 但即使是熊元锷也没有回答出形上形下诸学作为一门科学成立时需要具备哪些条件。熊元锷还和其他二人一样将"玄科"改为"元科"，然而，严复使用"玄科"是有命名之理据的。② "玄""元"的一字之改，译者严复的意图就发生了错位。

---

① 清末科举可以将参考书带入考场（商衍鎏：《清代科举考试述录及有关著作》，天津：百花文艺出版社 2003 年版），即便如此，不熟谙于心，在考场上也无法信手拈来。

② 对于为何命名为"玄"，严复解释说："字书玄者悬也，盖其德为万物所同具，而吾思取所同具者，离于物而言之，若虚悬也者，此其所以称玄也。"［英］斯宾塞：《群学肄言》，严复译，上海：上海文明编译书局 1903 年 4 月版，第 244 页。

第三章

严复的科学思想

壬寅、癸卯的科举策题反映了当时中国社会的热点。　当严复的各项主张成为最佳答案时，我们就有必要详细地讨论一下严复了。

　　在19世纪末，"格物致知"以及由其简略或派生而来的"格物""格致"等词语意义已经发生了变化，一般被用来指称自然科学，尤其是物理等实用之学。　19世纪中叶以后，中国洋务运动声势浩大，但甲午一役，亚洲第一的北洋水师全军覆没。　严复"觉一时胸中有物，格格欲吐"，这时他得到了赫胥黎的文集，开始思索中国何以弱，西洋何以强，逐渐形成了自己的科学观。　严复曾留学英国，其间阅读了培根、斯宾塞等人的著作，对西方的学术体系感悟最早、体会最深。　他是中国最早直接从原文了解西方学术，并试图用汉语转述给中国社会的人。　科学是理解严复的关键词。　同时，严复的科学思想对中国社会的影响又是一个复杂的问题。　这是由于他的论述散见于译著之中，文章艰涩，用词独特。　这一点与日本的

西周相近。下面，我们从四个方面来讨论严复对科学的认知
和接受。

第一节　中学与西学

当时中国流行"中学为体，西学为用""中学形上，西学形
下"等观点。中西的区别在哪里？学与术是什么关系？这些
都是严复必须加以廓清的问题。1895 年 2 月登载在《直报》上
的《论世变之亟》是严复第一篇公开发表的文章。严复在文章
中首先指出了中学西学之间最大的不同："中之人好古而忽今，
西之人力今以胜古；中之人以一治一乱、一盛一衰为天行人事
之自然，西之人以日进无疆，既盛不可复衰，既治不可复乱，
为学术政化之极则。"中国人认为历史就是循环往复，而西方
的历史观是以"进步"为基调的。国人不屑地认为西洋不过是
"善会计""擅机巧"而已，对此严复指出西方的"汽机兵械之
伦"，乃至最为精湛的"天算格致"也只是表面现象，"而非命
脉之所在"。那么什么是西学的命脉？严复说"不外于学术则
黜伪而崇真，于刑政则屈私以为公而已"（《严复集》一，2
页），一语中的地道出西学的核心是追求真理。面对亡国灭种
的危机，严复提出欲图富强，必讲"西洋之术"。只是此时的
严复仍将西学称为"西洋之术"，认为汽机兵械，甚至天算格致

都是"形下之粗迹",而"格致"就是形下粗迹的内容之一。

一个月后严复发表《原强》,宣称达尔文以后"泰西之学术政教,为之一斐变"。说斯宾塞的群学与"吾《大学》所谓诚正修齐治平之事有不期而合者",只是《大学》引而未发,语焉不详。严复在接着发表的《救亡决论》(1895.5)中,首先历数中学(科举)的三大弊害,然后指出"西学格致则其道与是适相反","由粗以入精,由显以至奥,层累阶级,脚踏实地,而后能机虑通达,审辨是非。方其为学也,必无谬悠影响之谈,而后其应事也,始无颠倒支离之患"。所谓"粗、精;显、奥"就是形下、形上之别,西学脚踏实地,观察自然,由此建立科学的体系(层累阶级),绝无扑风捉影、支离破碎之处。严复认为西学是由形下进入形上的,为此还援引庄子的话申明学问本无形上形下之分:

> 且格致之事,以道眼观一切物,物物平等,本无大小、久暂、贵贱、善恶之殊。庄生知之,故曰道在屎溺,每下愈况。(《严复集》一,46页)

严复用庄子"道在屎溺,每下愈况"表达了越是卑微的地方,越接近真理("道")的主张。严复在《天演论·卷下》,也就是赫胥黎罗马尼斯讲演译文的第一句重申了这一观点:

> 道每下而愈况,虽在至微,尽其性而万物之性尽,穷其

理而万物之理穷,在善用吾知而已矣,安用骛远穷高然后为
大乎。(《天演论》卷下,"论一能实",49 页)

严复用夹注的形式对这句话加以解释说:

柏庚首为此言。其言曰,格致之事,凡为真宰之所笃
生,斯为吾人之所应讲。天之生物,本无贵贱轩轾之心,故
以人意轩轾贵贱之者,其去道固已远矣。尚何能为格致之
事乎?(《天演论》卷下"论一能实",49 页注)①

"柏庚"即弗朗西斯·培根。 培根是英国的政治家、哲学
家,近代唯物主义和经验哲学的鼻祖,是近代自然科学的鼓吹
者;他最早宣示了近代科学观,阐述了科学的目的、性质和促
进科学发展的正确途径。 培根反对经院哲学,认为形上之学和
形下之学在追求真理上的地位是相同的。 这段文字集中反映了
培根的科学思想,形上之学(道)需要通过形下之学才能彰
显,形上形下两者的"性"(性质)和"理"(自然法则)是相通
的。 如培根所说,即使是形下之学(格致)的现象,但只要是
客观存在的事物,我们都应该加以探索、考究;学问的对象原
本没有什么形上形下之分,人为地分成高下、贵贱已经脱离了

① 严复"丁酉(1897)六月删改讫"的《天演论》手稿本及慎始基斋本(1898.6)
以前的刊本中都没有这段夹注。

学问的本质，如何还能做好学问？ 这段话赫胥黎原文中并不存在，是严复添加进去的。

这是严复第一次在翻译作品中说到培根，并使用庄子的"道每下而愈况"这一中国士子熟悉的言辞来演绎培根的科学思想。接着在《天演论》"论三教源"中严复再一次提到了培根：

> 由柏氏之语而观之，吾人日讨物理之所以然，以为人道之所当然，所孜孜于天人之际者，为事至重，而岂游心冥漠，勤其无补也哉？（《天演论》卷下，"论三教源"，54 页）[1]

探究形下之学（物理）的所以然就是探索形上之学（人道）的所以然，那些蔑视形下之学的神学家、经院哲学家们（孜孜于天人之际者）不过游荡于无法验证的虚幻世界而已，他们所从事的工作完全没有意义。 严复是在知识体系的语境中谈到培根的主张的。 中国传统知识脉络中的"格物致知"既不是学术的体系，也不是学术的内容，而是中国士子认知"道理"，进而修齐治平的途径。[2] 当时中国流行这样一种观点：格致中国古已有之，乃是《大学》的"始基"，故"格致何必西学"？ 对此严复指出，自从朱熹著《大学章句》时补上了一段关于"格物致知"的文字之后，引发了关于"格致"的争论。

---

① 严复"丁酉（1897）六月删改讫"的《天演论》手稿本中没有这段话。
② 樊洪业：《从"格致"到"科学"》，载《自然辩证法通讯》1988 年第 10 卷第 3 期，第 39—50 页。

陆氏兄弟及王阳明等主张"格致无益事功，抑事功不俟格致"，说格致对于认识自然，获得真理"无益"，是不需要的。严复坚决反对这种观点，认为，陆王之学实际上就是以自己的感觉为标准，以为足不出户可以知天下事，闭门造车，出而合辙。至于自身的认识与客观真理是否相符，自身的结论与外部世界是否一致，既不去"问"，也不去"察"。这种治学方法"其为祸也，始于学术，终于国家"（《严复集》一，43 页）。

严复问道：西洋以格物致知为学问的本始，中国（的《大学》）也是如此，但为何民智出现如此之大的差距？有人认为这是由于"中国之智虑运于虚，西洋之聪明寄于实"。对此，严复指出这并不是问题的实质，西洋也有虚的学术，①"异者不在虚实之间也"。在明代以前，西洋的学术与中国"相埒"，但是，培根以后，西方研究学问"先物理而后文词，重达用而薄藻饰"。在民众教育上提倡亲自观察、实践、思索，不为古人旧说所束缚；各学科的学习重点亦不同，逻辑、数学培养"致思穷理之术"，物理学、化学训练"观物察变之方"；而所有这些学科的学习，其本质都是为了获得科学思维方式和实践方法（《严复集》一，29 页）。只有从自然中学到的知识才是真正的知识。所以赫胥黎说通过书本得到的只是二手知识，以大自然为书本，以现实社会为文字才能学到真正的知识，这

---

① 例如《西学门径功用》《群学肄言》中的"玄学"（abstract science）等，详见本章第四节。

是西方教育的关键所在。而反观中国，朱熹用"即物穷理"解释《大学》的"格物致知"，这是不错的。但是，（包括朱熹本人在内）说"即物穷理"就是"读书穷理"就不对了。在书本上穷理，其结果无须也无法检验，故严复说"风斯在下矣"（《严复集》一，29页），要略逊一筹。

严复后来又说：中国的所谓"学"，自晚周秦汉以来，大多离不开言词文字。像西方学者那样仰观俯察，近取诸身，远取诸物，向大自然学习的人非常之少。古人所说的言辞文字，是古代的知识，以此为研究对象，弊病很大，支离破碎，都是一些枝节的问题，没有实际的意义。"而课其所得，或求诸吾心而不必安，或放诸四海而不必准。如是者，转不若屏除耳目之用，收视返听，归而求诸方寸之中，辄恍然而有遇。此达摩所以有廓然无圣之言，朱子晚年所以恨盲废之不早，而阳明居夷之后，亦专以先立乎其大者教人也。"①

《天演论》出版后，严复在1898年的讲演中告诫年轻人：吾人为学穷理，志求登峰造极，第一要知读无字之书，就是向大自然学习。"中西二学之不同，即此而是。"培根主张自然的发展过程就是人类认知的源泉，一切自然现象，无论是最低下、最卑贱的事物还是最庄严、最华贵的事物，都有同样被认知的权利，都是人们直接观察、研究的对象。佛教所谓的"墙

---

① 《阳明先生集要三种·序》（1906年冬），《严复集》二，北京：中华书局1986年版，第237—238页。

壁瓦砾，皆说无上乘法"也是这个意思。正如赫胥黎所说：
"能观物观心者，读大地原本书；徒向书册记载中求者，为读第
二手书矣。""读第二手书者，不独因人作计，终当后人；且人
心见解不同，常常有误，而我信之，从而误矣，此格物家所最
忌者。而政治道德家，因不自用心而为古人所蒙，经颠倒拂乱
而后悟者，不知凡几"（《严复集》一，93 页）。

那么是否像某些"自居名流"的人所说，"西洋格致诸学，
仅得诸耳剽之余"，"皆中土所已有，羌无新奇"呢？严复明确
地指出中西学的不同之处：中学不讲方法，没有体系，算不上
是真正的学问。而西学，首先要运用观察、归纳的方法，有定
义严格的术语，有体系，重视因果关系，然后才能称之为一科
之学。用西学的标准衡量中学，没有哪一种可以称之为"学"
的。① 甚至连中国士大夫们最感骄傲，讥讽西方没有的道德、
政治、礼乐等也实在称不上是"学"，只不过是"散钱"，是一
堆杂乱无章的堆积物。

严复在《天演论》中，尤其在翻译过半之后，对原著并未
刻意强调的 science（科学）的目的、功用、方法及具体内容显
示出了异乎寻常的关注。例如，赫胥黎指出，伦理学家和政治
哲学家应该采用与其他科学相同的观察（observation）、推演
（experiment）、印证（ratiocination）的方法，去解决人类社会

---

① 《救亡决论》，《严复集》一，北京：中华书局 1986 年版，第 52 页。

所面临的问题。① 这也是使伦理学、政治学成为近代科学所必不可少的三个要素。（即学之为学的判断基准。 赫胥黎认为天文、地理、物理、化学等已经成为近代科学。）对赫胥黎的主张，严复做了独自的强调和补充，说：

> 古之为学也，形气道德岐而为二，今则合而为一。所讲者虽为道德治化形上之言，而其所由径术，则格物家所用以推证形下者也。撮其大要，可以三言尽焉。始于实测，继以会通，而终于试验。三者阙一，不名学也。而三者之中，则试验尤为重也。古学之逊于今，大抵坐阙是耳。凡政教之所施，皆用此术以考核扬榷之，由是知其事之窒通与能得所祈向否也。②

严复在这里加入了原文没有的内容，他试图明明白白地告诉中国的读者：西方古昔的学问分为形下（形气）形上（道德）两类，但现今合二为一了。 这是因为形上之学也必须采用形下之学的方法，即"实测""会通""试验"这三个步骤。 此三者缺一

---

① ［英］赫胥黎：《进化论与伦理学》，《进化论与伦理学》翻译组译，北京：科学出版社 1973 年版，第 30 页。
② ［英］赫胥黎：《天演论》，严复译，"导言十八新反"，北京：商务印书馆 1981 年版，第 44—45 页。 注意：文中的"试验"与"考核扬榷"互训。

即不能称之为科学，其中尤以"试验"为关键，①古昔的学问不如现今的科学，正是由于缺少了这一环节。 尤其是治理国家等方面的政策法律是否合理、有效，也需用这一方法加以考察、评判。 严复告诉读者：不管是形上之学，还是形下之学，要想发现真理，首先要"实测"，即观察客观世界，②然后对实测的结果进行"会通"，即从中总结出自然法则（大法、公理），③最后是"试验"，即将通过"会通"得到的法则推广应用到其他事例上，并在此过程中对法则的正确性进行"试验印证"。 严复特别强调了"试验印证"对于近代科学，尤其是在"政教之所施"上的重要性。 译文中的"格致家"无疑所指的是以自然科学，即形下之学为研究对象的学者。 严复用"格致"表示的是自然科学的各个学科，而且在大部分情况下，严复的"格致"类词语与所译的原著中的 science 等并不形成对译关系。

　　"学"与"术"的关系，也是严复所关心的问题。 严复最早谈及"学"与"术"的区别是在《救亡决论》（1895.5）中。④ 严

---

① 日本启蒙家西周使用的是"视察 observation""经验 experience""试验 proof"。 但西周认为如无前两者，科学亦无从谈起，并未刻意强调"试验"。 参见《明六杂志》第 20 号 5，1874 年 11 月 29 日刊。

② 严复在《西学门径功用》中又称之为"考证"，或"观察""演验"。 详后。

③ 严复在《西学门径功用》中又称之为"贯通"，而在《天演论》手稿本中称为"推验证明""推求"。

④ 作为总的倾向，严复用"学"译指 science，用"术"译指 art，试图将两者加以严格区别。 但是有时又用"学术"统指 science。 这是因为在某些上下文中单音节词不稳定，需要变成双音节形式。 "学术"中的"术"，并没有具体的意义。 现代汉语中这种形式的复合词被称为"偏义复词"，如"国家""妻子"等，后面的字没有实际意义。

复指出，西方的科学与中国的学问不同，"一理之明，一法之立，必验之物物事事而皆然，而后定之为不易。"对"物物事事"进行检验，检验得越多越好。只有经过检验，真理才能具有普遍意义，成为自然法则，也就不会随着时间的变化而失去效力了，这就是"学"。而将学"施之民生日用之间，则据理行术，操必然之券"就是"术"。严复又说，不对自然进行观察就不知道自然的所以然；对真理不做彻底的探求，也就不能完全掌握真理。术语不准确，归纳不严密，体系松散混乱就不是"学"。就"学"而论，就是"探赜索隐，合异离同，道通为一之事也（即观察、归纳——笔者）。是故西人举一端而号之曰'学'者，至不苟之事也。必其部居群分，层累枝叶，确乎可证，涣然大同，无一语游移，无一事违反；藏之于心则成理，施之于事则为术；首尾赅备，因应釐然，夫而后得谓之为'学'"。① "部居群分、层累枝叶、首尾赅备、因应釐然"等都是严复形容"学"的体系性和性质（因果关系）的常用词语。严复还批评孔德的社会学理论尚未成为一科之学："学之称科，其例至严，仅如恭德之言群理，且极奥衍美富，实无以与科学之林。群学所以得列于一科者，以能本质力之通例，言推衍之无极"（《群学肄言》，256 页）。

在翻译《原富》时，严复再一次碰到了"学"与"术"的问题。严复在"序言"中解释为什么把 economics 译成"计学"

① 《救亡决论》，《严复集》一，北京：中华书局 1986 年版，第 52 页。

而不是中国已经普遍使用的"理财"时说，"学与术异，学者考自然之理，立必然之例，术者据既知之理，求可成之功。学主知，术主行。计学，学也；理财，术也。术之名必不可以译学"（《原富》，347页）。严复还说，斯密这本书之后，世人知道了经济是专科之学，斯密是经济学这门"新学之开山"，充分肯定了斯密将钱财货物的问题提升到专科之学的开创之功。

追根寻源，我们大致可以说，严复对"学"与"术"异同的认识主要得益于《穆勒名学》。《穆勒名学》原著卷首是长达十余页的"引论"，引论的第2节原文标题为："Is logic the art and science of reasoning？"。严复译为"辨逻辑之为学为术"。严复在译文之前加了很长一段按语，对 logic 的词源，以及将其译为"名学"的理由做了说明。原文中的 science（学）与 art（术）是一对对立的概念，而且"学"被认为优于"术"。所以穆勒说一直被认为是"推理之术"的 logic，在英国知识界的地位并不高。这种情况在大主教 Whately 将 logic 重新定义为"既是推理之术又是推理之学"以后才发生了变化。之所以这样重新定义，是因为 logic 作为推理之"学"要对推理时的心理过程进行分析；同时为了保证推理过程得以正确进行，需要准备一套规则，这就是 logic 作为推理之"术"的另一方面。那么，"术"与"学"的区别在哪里？穆勒赋予了逻辑学两个方面的特质："学"，对事物进行分析，致知；"术"，对事物进行处置，致用。穆勒指出"术"只要不是处于原始状态，都必然以科学的知识为前提。穆勒没有解释什么样的知识是"科学的

（scientific）"，也许这对英国的读者来说是常识。

针对穆勒的这段阐述，严复解释说：逻辑学兼有学和术的双重性质，一方面是关于思维的科学，另一方面又是关于思维的技术。 思维一词，按照日常的理解，意义并无模糊之处，但是作为科学术语，歧义较多。 什么是科学？ 严复说，逻辑学、数学、物理学、化学这四科都是科学。 逻辑学虽然其法则统率其他的学科，但它本身也是科学，科学要求术语准确、规则严谨（《穆勒名学》卷首，3页）。 严复认为新定义的正确性是不容置疑的：学"能据所以然之理"，术"著为所当然之法以施于用"；推理的心理活动受"心境""心力"等因素的影响，其中有井然的秩序（即自然法则——笔者），对这些问题不加以廓清，推理之术也就没有基础。 因此，严复说"术"是以"学"为前提的，没有"学"支撑的"术"必然浅薄，严复甚至以调侃式的语调说二者的关系是"不学无术"。① 同时对于"术"是否可以，或者如何上升为"学"这一问题，严复显然比原著者穆勒更加关心，②他在《穆勒名学》的"引论"中添加了自己的见解"而今尚有二三科学。 功苦道悠。 未臻美善"。严复意识到的是社会学和政治学。

1905 年秋，严复在青年会做关于政治学的连续讲座。 对

---

① 关于学与术，尤其是用"学"译 science，用"术"译 art，严复与西周有着惊人的相似之处。 参见本书第一章。
② 关于中国传统上的"学""术"之别以及与近代西学的关系等问题，请参阅罗志田《走向国学与史学的"赛先生"》，载《近代史研究》2000 年第 3 期，第 59—94 页。

什么是政治学的设问，严复说以前谈论政治，"往往不求知物，不问此系何物，而先问物宜如何。"即不去认识自然，只想驾驭自然。不但中国如此，19世纪以前欧洲的政治学书籍也都是这样。严复指出："取古人谈治之书，以科学正法眼藏观之，大抵可称为术，不足称学。"因为学是针对事物追求真理，是了解对象；术知道完成一件事的方法，所关心的是怎样做合适。然而我们应该知道，术不好，都是因为学不明，学如果明白无误，术自然会好。这就是一切科学对人所从事的事情大有裨益的原因。严复告诉听讲者，"今吾所讲者，乃政治之学，非为政之术，故其涂径，与古人言治不可混同"（《严复集》五，1248页）。在这里严复再一次阐发了如《穆勒名学》引论中提到的"学"与"术"的不同之处。然而随着科学技术的发展，要严格区分"学"与"术"已经不易做到了。

严复演绎赫胥黎罗马尼斯讲演的结论，说：人的天赋能力，可以改造自然，通过"练心缮性"不但可以自我完善，还能"益群"，改良中国社会，迎来郅治之世。互助是"人类至高无上的事业"，人类的"乐业安生"亦是最为急迫的事业。然而这一切，不论是自然科学对于"练心缮性"的功用，还是抽象科学对于社会发展的促进，科学的进展都将起决定性的作用。而至于天演之理，世间万物都必须遵循，其间没有显赫与卑微之分。故晚近"治群学者"认识到了"造化之功，出于一本"，"学"不分大小，"术"也没有根本性的不同。人类的天赋良知、理性在进化过程中完美升华，其体系性和因果关系都有规律可循，宇宙过程和社会进化息息相关，不容忽视。

严复还谈到了科学与宗教的区别，指出还是培根说得好，什么是"学"？ 学是"所以求理道之真"；什么是"教"？ 教是"所以求言行之是"。"求理道之真"的"学"比"求言行之是"的"教"更为重要，因为"世未有理道不真，而言行能是者"。 严复认为当时的中国，"学急于教"，"格致不精之国，其政令多乖，而民之天秉郁矣"（《天演论》，54 页）。

第二节　科学的目的

科学的目的是什么？ 在这一问题上严复的科学观有两个来源，一是培根、赫胥黎，另一个是斯宾塞。 1898 年 10 月，严复为同艺学堂的学生做了《西学门径功用》的讲演，详细地谈到了科学的目的（功用）（《严复集》一，94 页）。 严复说：学问，即科学，不管哪一门科学，其目的都有两个，一个是"专门之用"，另一个是"公家之用"。"专门之用"就是实用，例如数学为了计算，几何为了测量，化学用来制造，电学是电力工程，植物学是种植。 专门之用可以改善人类生存状态，关系到国家的富强。 关于科学的终极目的，培根说：科学的真正的、合法的目标说来不外是这样：把新的发现和新的力量惠赠给人类生活。[①] 培根认为，科学应以世间万物为研究对象，学术不分贵贱，都是以"裨益于民生日用"为其目的的。 培根对经院哲学和传统逻辑思维方式的批判为近代自然科学的发展扫清了道路。 严复在留英期间就阅读了培根的著作，培根的"科学必将惠及人类生活"这一主张引起了严复的强烈共鸣。 他高度评价培根说："而二百年学运昌明，则又不得不以柏庚氏之摧陷廓清之功为称首。 学问之士，倡其新理，事功之士，窃之为术，而大有功焉。 故曰：民智者，富强之原。 此悬诸日月不刊之论也"（《严复集》一，29页）。 严复指出"科学中一新理之出，其有裨益于民生日用者无穷"（《原富》按语，624页）。 又说"虽以形气之学之切而易知，苟善于察观，谨于试验，新知之获，其有裨于民生日用者可以日出而无穷"（《原富》，630页）。 严复一方面积极肯定了"形气之学（自然科学）"的作用，赞扬"一切科学所以大裨人事也"（《政治讲义》，《严复集》五，1248页）；同时又严厉批评（中学）"徒多伪道，何裨民生也哉！"（《救亡决论》，《严复集》一，44页）。 严复说，西学格致于国计民生都大有好处，是富强之基；格致的知识运用于民生日用之间，可以"据理行术，操必然之券，责未然之效"（《严复集》一，45页）。 所以，"西洋今日，业无论兵、农、工、商，治无论家、国、天下，蔑一事焉不资于学"。 正如斯宾塞所说的，从今以往，"将皆视物理之明昧，为人事之废

---

① ［英］培根：《新工具》，许宝骙译，北京：商务印书馆1984年版，第58页。

兴"(《严复集》一，48 页)。专门之用将成为衡量国家文野的基准。面对甲午之后"亡国灭种"的危机，严复提出欲图富强，必讲"西洋之术"(《严复集》一，4 页)。

严复早早就指出，人才和学术"皆必以有用为宗，而有用之效，征之富强，富强之基，本诸格致。不本格致，将无所往而不荒虚，所谓'蒸砂千载，成饭无期'者矣"(《严复集》一，43 页)。在翻译《天演论》的过程中，严复又受到了赫胥黎的影响。赫胥黎说，"据我们所知，没有人声称怀疑过：只要我们具有能改善事物的能力，我们的首要职责就是利用它并训练我们的全部智慧和能力，来为我们人类至高无上的事业服务。因此，大家所迫切关心的问题就是：自然知识的新近进展，特别是在进化论方面这种进展的总的结果，在互助这一人类伟大事业中究竟能对我们有多大的帮助？"[1]赫胥黎指出，"文明的历史详细叙述了人类成功地影响和改变宇宙过程的每一个步骤。随着文明的进展，人类对自然界的干预程度大大地增加了。有组织的、高度发展的科学技术赋予了人类更大的对大自然的支配权，而这种支配权迄今为止被认为只有魔术师才有可能持有。"这些都构成了严复科学的底色。对严复而言，科学是富强的必由之路，但科学是否也因此降格为"门径"，成为"工具"，其本身的存在价值（目的）也因此有所模糊？显

---

[1] T. H. Huxley, *Collected Essays*, Vol. Ix, London: MaCmillan & Co., 1894, P. 79;[英]赫胥黎:《进化论与伦理学》,《进化论与伦理学》翻译组译, 北京: 科学出版社 1973 年版, 第 55—56 页。

然不是。 严复指出西学格致除了上述专门之用以外，还有"公家之用"。 所谓公家之用，就是严复所谓的"炼心制事"，也说成"姱心善性"或"练心缮性"等。 学习科学有助于智力的提高，以及思维方式、行为习惯的改善，这是科学所具有的修身养性的作用。 严复写道：英儒培根亦云"世间无物为大，人为大；人中无物为大，心为大"。"故生人之事，以炼心积智为第一要义。 炼心精、积智多者为学者。 否则常民与野蛮而已"（《严复集》一，93 页）。

"公家之用"就是科学在培养人的精神方面的作用。 培根说："学问不仅对帝业和武功有益，对个人的道德和品性也有很大益处"（《新工具》，48 页）。"学问对人们心智上的各种疾病具有特殊的补救功效。 有时候学问可以清除不良的情绪，有时候可以除去心中的障碍，有时候可以提高人们的领悟能力，有时候可以增强我们的求知欲望，有时候可以治愈心理上的创伤和溃疡，等等。（中略）学问可以重塑我们的大脑，使其避免固定或陷入不完善的状态，而且让我们的大脑能够易于发展和革新"（《新工具》，49 页）。 严复说，专门之用"虽大而未大也，公家之用最大"。 认为公家之用的重要性甚至超过专门之用，在这一点上，科学的功用与《大学》所谓的"知至而后意诚"是相通的。 这样被中国士子视作"形下之粗迹"的西学格致就有了与《大学》"格物致知"完全相等的地位。 对"炼心积智"或可以作与《大学》"修身"等同的理解，但是当它被放到野蛮向文明进化的语境中时就是"开民智"这一"富强之原"的问题了。 而培根也在《新工具》里强调野蛮人、文明人的分野是以对知识的掌握和运用的程度为标志的。

培根主张观察自然、向自然学习，指出一切知识都源于自然，离开了自然就一无所知；探求真理必须摒除先验的固定观念和偏见，将经验，即观察、实验作为认识的唯一源泉，而归纳法就是正确认识自然的唯一科学的方法。 在此基础上，严复又接受了斯宾塞的学说，指出：科学的实用性虽然很大，但还不是最大。 最大的作用是为研究群学，在智力上、思维习惯上做好准备。

严复1895年3月发表了平生第二篇时文《原强》，探讨西方所以强的原因。 在这篇文章里，严复向中国读者介绍了达尔文的生物进化学说，又以更大的篇幅介绍了斯宾塞的群学，即社会学。 严复说"群学治，而后能修齐治平"，在一年以后的《原强修订稿》中又说："唯群学明而后知治乱盛衰之故，而能有修齐治平之功。 呜呼！ 此真大人之学矣！"将群学和"大学"等同了起来。 但是"欲治群学"需要首先学习"诸学"。斯宾塞著作《社会学研究》(即严译《群学肆言》)的第13章Discipline(严复译为"缮性")中，详细论述了不同的学科对心智训练可以达到的不同效果。 社会学研究准备的第一步是学习抽象科学(abstract science)。 所谓"抽象"是说不落在实处，但是对其他学问有指导作用。 抽象的科学有两种，一是逻辑学，一是数学。 不学习抽象的科学，就无法理解真理的必然性，没有可以遵循的法则。 但是这两门学科过于抽象，所以只学习抽象的科学，智力、思维的方式和习惯仍然得不到完美的训练，还需要学习抽象—具体的科学（abstract-concrete science），这样才能不死板。 抽象—具体的科学包括两种，一是物理学，水、火、声、光、电等学科都是物理学的内容；二是化学。 学习了物理学化学后，就能知道事物之间的因果关系。 世界上不存在没有原因的结果，也不存在没有结果的原因，这是一；原因相同，结果也相同，原因大结果也大，这是二。 知道了这些，一切迷信，如风水、占星、吉凶之兆等就都不会相信了。 不过抽象—具体的科学阐明的是直接而明显的因果关系。 例如蒸汽使火车前进，大气流动就产生了风，等等。但是，抽象—具体的科学对思维方式的训练还不完全，还需要学习具体的科学（concrete science）。 具体的科学运用上述学科得到的公理、原则，专门研究一个具体的现象，如天文学、地质学或与人有关的科学、动植物学等。 不研究天文学就不知宇宙之巨大，不研究地质学就不知时间之悠久。 精通这两门科学的人极少有心胸狭隘、卑鄙不堪的。 至于人的科学，可以了解生物进化过程中的偶然性（contingency），学科内容和人类的关系最密切。 学习了上面的各个学科，研究"群学"的准备就几乎完美了，但是还有不彻底的地方。 一定要学习生物学，生物学又分为生理学和解剖学，还需要学习心理学。 生物学、心理学精通了，最后才能学好群学。 群学的科目，如政治、法律、经济、历史等，都是治理国家的人所需要的。 上述的各种学科，都是针对智力和思维方式、习惯进行训练所必需的。 至于农业、军事、交通、机械、医药、矿物等都是专业性的学问，如有必要可以学习。人的心（志向）最为重要，所以士有心为"有志之士"。治理国家的人对此不可不了解。人道从自身开始，然后是家庭，最后是国家。所以最重要的是"奉生"（认真生活），其次才是教育子孙。人构成社会，所以必须理解保护国家、有利社会的知识。知道了这些，对于一个人而言就完美无缺了。

严复特别提到了科学的学习有助于建立因果关系的概念。社会学是一门年轻的学问，能否像自然科学（严复称之为"格致"）诸科那样作为一门科学对待，在当时尚诸说纷纭，莫衷一是。斯宾塞在他的著作《社会学研究》第 1 章结尾处指出，有些人"不相信社会科学有确定规律——不存在社会科学这样的事物"，①但他肯定了社会科学的存在，指出通过对社会现象的观察，归纳总结出法则，把握前因后果的关系，对未来进行预测，并据此制定应对的方法，这就是社会科学。严复准确地理解并转述了斯宾塞的观点：有人非难说，作为治理国家的群学，其作用、研究对象都与格致之学（自然科学）大为不同。后者讲求实测，运用归纳演绎的方法，重视因果关系。而前者，社会人群变化多端，不易加以证明。所以有人说群学非科学（《群学肄言》，第 16—17 页）。严复指出，社会科学得以

---

① ［英］赫伯特·斯宾塞：《社会学研究》，张宏晖、胡江波译，北京：华夏出版社 2001 年版，第 19 页。

成立的前提是"必其有因果公例，可以数往知来"。"因果公例"是归纳法的结果，"数往知来"则是演绎法的运用。 只是严复更加直截了当一些，他说"总之群学有无，可一言决也"（《群学肄言》，36 页）。 并加以发挥道：如果群学不足为科学，那么一个国家，一个民族的事情就没有因果关系可言，所有的关于国家治理的知识都无可取之处了。 不仅古昔的相关书籍可以毁弃，现在政府议院也不需要制定法律了，遇事只要抓阄即可。 严复强调，为"学"必要讲求实测，要运用归纳演绎的方法，群学也只有具备这些性质之后才能"成科"，即一科之学。

严复总结斯宾塞的主旨时说：根据结果判明原因，这才是科学。 人类社会的各种现象，虽然因果关系比较暧昧、模糊，但是通过归纳一样可以得出规律性的东西。 知道了这一点就会相信群学必然可以成为一科之学。

1906 年严复再次应邀为青年会做关于教育改革的讲演，在说到科学教育在人才培养上的作用时，严复引用培根的话说：

> 培根曰："物中最大者惟人[故中国六书大即人字]，人中最大者惟心。"故古之中西圣贤人，皆以媺心为至重之学。中之格物、致知、诚意、正心，西之哲学、名学，皆为此方寸灵台，而后有事。（《救亡决论》，《严复集》二，279 页）

所谓"物中最大者惟人，人中最大者惟心"的"心"就是人的理性，"姱心"就是对科学的思维方式的训练。 严复接着说："心有二用：一属于情，一属于理。 情如诗词之类，最显者中国之《离骚》。 理，凡载道谈理之文皆是。然而理，又分两门：有记事者，有析理者。"指出人的心智活动可分为"思理"和"感情"两种，前者可以用"是非然否"做判断，后者只是"心之感觉"，没有"是非然否"的问题。 用今天的术语就是"理性思维"和"感性思维"的区别。 严复认为"德育主于感情，智育主于思理"，指出"西人谓一切物性科学之教，皆思理之事，一切美术文章之教，皆感情之事"，即"德育多资美术，而智育多用科学"。 当然"二者往往相入不可径分。 科学之中，大有感情；美术之功，半存思理"。 可知严复的"科学"是指自然科学，其目的是要发现"自然规则"。 严复在这里第一次用"自然规则"一词代替了以前使用的"大法公例、通理公例"等。 接着严复引用赫胥黎的观点，指出教育有两大功效，即"开瀹心灵"和"增广知识"。 所谓的"开瀹心灵"与《群学肄言》中的"练心缮性"，即斯宾塞的"智力训练"基本相吻合。 严复指出如果"教育得法，其开瀹心灵一事，乃即在增广知识之中"。

通过上面的讨论可以知道，尽管严复赞成作为形下之学的科学有专门之用，可以改善人类的生存环境，是富强之基，但同时更加注重科学的"姱心"作用，有把学习科学和中国传统的修身养性等同起来的倾向。 甚至说至于农学、兵学、驾船、造机器、医药、矿物等实用性极强的专业，需要时再学就可以。 这也许是因为严复讲演的听众是年轻的学生，对于年轻人来说，更重要的是做好心智上的准备。

严复还强调科学的目的是发现真理或自然规律（公例、大法），不能就事论事，他说：

> 西士有言：凡学之事，不仅求知未知，求能不能已也。学测算者，不终身以窥天行也；学化学者，不随在而验物质也；讲植物者，不必耕桑；讲动物者，不必牧畜。其绝大妙用，在于有以炼智虑而操心思，使习于沈者不至为浮，习于诚者不能为妄。是故一理来前，当机立剖，昭昭白黑，莫使听荧。（《严复集》一，45 页）

严复在《天演论》里也加上了自己的观点："学问之事，贵审其真，而无容心于其言之美恶"（《天演论》，33 页）。 科学的目的在于发现自然规律（真理），而不是审判人类的善恶丑美。

第三节　科学的门径

中学西学之间除了目的以外，治学方法也大相径庭。 严复对此的清醒认识来自培根和穆勒。 严复说获得知识、接近真理有三个层次，第一层是"考订"；第二层是"贯通"；第三层是"试验"。"考订"也称为"观察"或"演验"，之所以有两个不同的名称，是因为"盖即物穷理有非人力所能变换者，如日星之行，风俗代变之类；有可以人力驾御移易者，如炉火树畜之类是也"。 前者只能"观察"，而对于后者，可以有主动的人为干预，称之为"演验"或更贴切。 至于观察的对象，严复的回答是：培根主张自然的发展过程就是人类认知的源泉，一切自然现象，无论是最低下、最卑贱的事物还是最庄严、最华贵的事物，都有同样被认知的权利，都是人们直接观察、研究的对象。 那么，如何观测呢？ 严复转述赫胥黎的主张，说应该"读大地原本书"，从书本上获得的只能是第二手知识。 严复评论说读第二手书，总是步人后尘，不仅如此，将前人的谬误认作真理，自己也就错了；这是从事科学的人最应该避免的。 政治家等因为自己不用心，为古人所蒙骗，更是不知凡几（《严复集》一，93 页）。 严复说朱熹也主张即物穷理，但说的是读书知理，这就是中西二学的不同之处。

"贯通"也称"会通"，这是"类异观同，道通为一"，"考订既详，乃会通之以求其所以然之理"的过程，现在称为"归纳"。

"试验"，严复也称之为"印证""验证""察验"，是对归纳出来的法则进行检验的步骤。

上面的三层，包含着归纳和演绎的内容。 归纳法是由培根确立完善的科学方法。 作为经验方法的归纳法，通过对同类事物的众多个别对象的观察整理，推断出该类事物的一般性法则，进而实现从个别到一般的过渡，以求得客观规律。 严复第一次提及归纳、演绎这两个概念是在《天演论》手稿本的序言中（1896.10.15）。 严复写道，西方的逻辑学通过已有的事例，推测未来。 这就是"内导之术"和"外导之术"。 内导"察其曲而见其全"，外导"推其微以概其通"。《天演论》刊行时，严复把"内导""外导"改为"内籀""外籀"（《严复集》五，1411 页）。"籀"是抽取、抽绎的意思。

严复在《天演论》"论十一学派"的按语中说，明代中叶以后，英国的培根、法国的笛卡尔开始提倡实测和归纳，[1]但是语焉不详。 在《西学门径功用》（1898.9）中严复才第一次对归纳演绎做了较详细的说明，其要点如下：

一、 学的方法不过归纳、演绎二种，归纳就是观察不同的事物，从中找出相同的地方，总结出一般性的法则。 例如，儿童以手触摸蜡烛，数次之后知"火能烫人"。 演绎就是将一个法则运用到其他不同事例上。 例如，火能烫人，蜡烛是火，所以蜡烛能烫人。 这是三段论的方法，严复称之为"联珠"。

二、 中西古代的学问都有"考订"（观察）和"贯通"（归纳）这两层，但是只有这两层，"所得之大法公例"由于没有

---

[1] ［英］赫胥黎：《天演论》卷下，"论十一学派"，严复译，北京：商务印书馆，1981 年，第 80 页。

经过检验，所以"往往多惧"。于是西方的科学家们又加入
了一道手续："试验"。严复说，"试验"就是"印证之事矣。
故曰印证愈多，理愈坚确也"。"试验愈周，理愈靠实"。

三、化学、力学、天文学、地理学、生理学、动物学、植
物学多采用归纳的方法；逻辑学、数学等多采用演绎的方法。
一门学问发展到演绎阶段，可以根据已然已知推论未然未知，
这是科学的最高境界。

关于"试验"（印证）的观点，在《天演论》卷上"导言十
八，新反"中就已经出现了：

> 所讲者虽为道德治化，形上之言，而其所由径术，则格
> 物家所用以推证形下者也。撮其大要，可以三言尽焉：始于
> 实测，继以会通，而终于试验，三者阙一，不名学也。而三者
> 之中，则试验为尤重。古学之逊于今，大抵坐阙是耳。凡政
> 教之所施，皆用此术以考核扬榷之，由是知其事之窒通与能
> 得所祈向否也。①

这段文字原著中并不存在，严复特别强调了"试验"无比
重要的地位。所谓"试验"与现代汉语的词义不同，是"检
验"的意思，后来严复更倾向于使用"印证"。其实，严复在

---

① ［英］赫胥黎：《天演论》卷上，"导言十八，新反"，严复译，北京：商务印书
馆1981年版，第44—45页。

《救亡决论》（1895.5）中直陈东西方学术之差异时已经有了
"验"的主张了：

> 西学格致。则其道与是适相反，一理之明，一
> 法之立，必验之物物事事而皆然，而后定之为不易。其所验也贵多，
> 故博大；其收效也必恒，故悠久；其究极也，必道通为一，左
> 右逢原，故高明。①

严复关于归纳、演绎的知识，主要来自穆勒的 *A System of
Logic*。 也就是说，穆勒著作的内容，从1895年起就开始出现
在严复的时文和译著中了。 穆勒在著作中介绍了三段论、演绎
和连续推理（trains of reasoning）；演绎科学，以及尚处在实验
科学阶段的学科如何向演绎科学飞跃。 穆勒的主张是：

- 由于事像的复杂化，直接观察不再可能，故需要从已经观
  察到的事像中得出一个归纳，并将这个归纳推导至其他
  事像。这就是连续推理，这是演绎科学的重要特质；
- 连续推理是归纳性推断的连续体；
- 可以从已经完成的归纳出发进行推理；
- 任何自然科学初始阶段都是纯实验科学。随着这些科学

---

① 《严复集》一，北京：中华书局1986年版，第45页。 在《政治讲义》中严复
也反复强调了"试验"的重要性。

的不断演进,在某种程度上,有些科学几乎全部都成为纯
演绎科学;

- 科学的演绎特点倾向于越来越多,但,归纳的特点并不因
  此越来越少;

- 由于牛顿的发现,天体力学从实验科学一跃而成为演绎
  科学,但化学仍然是一门实验科学,除非化学家中也出现
  像牛顿那样的天才;①

- 数学是促成经验科学跃升为演绎科学的重要因素。②

通过《穆勒名学》可以看出,严复对穆勒的学说是融会贯
通的。下面我们来看一下严复是怎样理解归纳和演绎的。严
复所用的"试验"一词的意义也是值得注意的。严复在介绍
"归纳法"时说"言内籀不独为科学涂术,民生日用在在必
需",并补充说:"格物致知,所以明自然而利人事者,其涂术
尽在此。所谓推,所谓证,所以求一切难显之情,实无往不咨
于内籀"(《穆勒名学》,253 页)。严复把原著第四章标题译

---

① 严复在译文中加入了 19 世纪化学进步的内容:"夫质学最大之例,无若达尔敦
  之莫破质点例,亦名等分例。自此例出,凡二质相合,其定数多寡可比例而
  推,不必资于试验,盖骎骎乎外籀之界矣。"[英]穆勒:《穆勒名学》,严复
  译,北京:商务印书馆 1981 年版,200 页。达尔敦即约翰·道尔顿(John
  Dalton, 1766~1844),等分例即倍比定律。另,死于法国大革命的天才化学家
  拉瓦锡(1743~1794),堪称化学界的牛顿。
② 以上内容原著为第 121—206 页。参照 [英] 约翰·斯图亚特·穆勒《逻辑体
  系(一)》,郭武军、杨航译,上海:上海交通大学出版社 2014 年版,第 209—
  222 页。

为"论籀绎及外籀科学","籀绎"就是连续推理,这样,归纳和演绎有了被看作一个连续体的可能性。严复说如果一切事像都简单得"灼然在耳目之间",就不需要连续推理,连续推理已经不是简单的归纳,而是"继续光明,以推见至隐"。用归纳所得到的法则不仅可以由已知推论未知,还可以由未知向前推论,这就是"外籀科学之所由设也"。严复赞成穆勒的观点:"一切推证皆为内籀","科学所本始之公例,皆从内籀而生"。穆勒提出,我们总是希望能够赋予任何一门科学尽可能多的演绎科学的特点,因为这样可以借助极少的几条归纳,建构起这门科学。穆勒认为科学的发展以演绎为指向,严复解释道:一科之学的目标在于成为演绎科学,不然就不是成熟的学科。演绎科学所遵循的法则极少,但是可以演绎出大量的原理,再复杂的自然现象也可以加以解释。所以自然科学无一不是以归纳开始,通过推导,得出通用的法则。学科的最初阶段都是实验之学。不断积累,逐渐发展成为演绎科学(《穆勒名学》,197页)。

严复将实验科学向演绎科学的发展称为"成学程途",认为这是科学的终极目标,为此,需要"以外籀之术推证其必然,以与所实测者吻合",即加以印证。严复还指出力学、水学、光学、音学、热学的"成学涂辙莫不如此"。同时,严复与穆勒一样又不断提醒读者注意,虽然科学"皆始于测验,终于外籀",但不能因此而贬低归纳的作用。他说:自己逐渐领悟到一科之学的目标是成为演绎科学,穆勒所说的"成学程途"是由实际观测的归纳向演绎的发展,演绎法可以用少数的法则驾驭其余,但是不能以为"既成外籀,遂与内籀无涉"。西学之所以翔实是因为开启了民智,有实用价值。 中国的旧学之所以于事无补,并不是因为没有演绎,没有"公例大法",而是这些公例大法大都是想当然的结果。"持之似有故,言之似成理",但是没有经过检验,学说多有谬误,"国计民生之所以病也"。 中国的九流之学不可谓不多,百家争鸣,但能言其所以然的不多。 这是因为"其例之立根于臆造,而非实测之所会通故也"(《穆勒名学》,199页)。 穆勒说与演绎相对立的不是归纳,而是实验,严复解释为"科学之所异,不存夫内外籀之分,而以外籀、试验二者分其功侯"(《穆勒名学》,189页)。 但是无论是亚当·斯密还是斯宾塞,在自己的著作里都没有从归纳、演绎这一方法论性质的角度对学科进行分类;"学至外导,则可据已然已知以推未然未知者,此民智最深时也"。这是严复对穆勒的解释。

穆勒在书里讨论了归纳的基础、自然法则、因果关系、观察与实验、归纳四法、复杂的因果关系等问题。 穆勒指出当因果关系造成的现象非常复杂时,演绎法是唯一有效的方法,因为某些事像无法使用观察和实验这种直接的方法。 对于复杂现象的条件和法则,研究者们开始采用演绎法,但不是单纯使用,而是按照以下三个步骤运用的。 将演绎法用于复杂现象的第一步是直接归纳(direct induction),演绎法归根结蒂是以观察和实验为根据的,之所以将研究过程的第一步称为归纳性操

作，是因为直接归纳法是研究活动整体的基础。 第二步是论证
（ratiocination），从单纯的法则出发去论证复杂的事例，即运
用三段论从一般法则推论特殊事例。 第三步是验证
（verification），根据特定的经验进行验证。 验证是演绎法第
三个主要构成部分，"印证为穷理不可阙之实功"。 如果没有
验证，演绎法所得到的结果不过是臆测而已。 演绎法得到的一
般性结果必须和直接观察到的结果相一致（《穆勒名学》，390
页）。 人的精神之所以在自然研究中取得了如此辉煌的胜利，
极大程度上有赖于由归纳、论证及验证这三部分构成的演绎法
的存在。 穆勒指出所有的科学都有向演绎发展的倾向，因为演
绎法可以通过更单纯、一般的法则发现和说明某些现象的特殊
法则。

如果不使用演绎法，只用归纳法追求公理大法，就有可能
永远无法成功（《穆勒名学》397 页）。 严复在按语中写道，
第三步的印证，思虑浅显的人往往视作理所当然，或者怕麻烦
而予以忽略。 殊不知古人提出的主张被后人所论破的，都是因
为没有加以印证的缘故。 而三百年来科学的定理、法则不可动
摇者，并不是想法妙过古人，而是严于印证之故。 由此可知，
上述三个步骤缺一不可，缺少前两个步骤，无法建立理论，缺
少第三个步骤，后果堪忧（《穆勒名学》，398 页）。

严复认为穆勒之所以如此护卫演绎法，是想引起年轻学者
对演绎法的重视。 归纳与演绎的关系已经发生了历史性的转
变。 世人说培根是归纳法的创始者，其实归纳法自古有之，不

过培根以前的归纳法是简单罗列，所罗列的现象都雷同，法则就是根据这种现象归纳的。 培根最大的功绩在于阐明了简单罗列的归纳法并不是科学。 物理、化学、动植物学等以自然为对象的学问，其法则都不是通过简单罗列的方法得到的。 归纳实验方法的采用极大地促进了科学的发展。 培根对旧的演绎法大加鞭笞，因为旧的演绎法不是真正的演绎法，其前提是虚假的，推演出的结论也没有根据事实加以验证。 培根反对旧式演绎法是正确的，然而归纳法得出的法则虽然多，但是松散，没有体系，这不是真理应该有的形态。 培根以后，人们在归纳法中加入了排斥法（或否定法），把诸多现象中与结论没有必然关系的部分排除掉。 所以这些法则一经建立，就非常牢固。近二百年来科学有了极大的发展，却越来越借重演绎法。 人类的知识有了更多的积累，要想把各门科学推向极致，必须运用演绎法才有可能接近真理。 在人类知识的现状下，演绎法在科学发展的过程中扮演着主导的角色。 一场革命在哲学领域和平地、积极地进行着。 这是和冠以培根名字的那场革命正相反的革命。 这位伟人把科学的方法从演绎的改变成实验的，然而今天再一次从实验的变回演绎的。 培根所摈弃的演绎法只是从前提出发胡乱推导，不需要通过正当实验手段加以确认和验证的那一类。 那时的演绎法和现在的演绎法有如亚里士多德和牛顿之间的差距。

严复在翻译《原富》（1902）时，对经济学作为一科之学的性质做了讨论。 那么作为专科之学的"计学"，其性质如何？

严复指出:

> 计学于科学为内籀之属。内籀者,观化察变,见其会
> 通,立为公例者也。如斯密、理嘉图、穆勒父子之所论著,皆
> 属此类。(《原富》,8 页)

经济学属于归纳性的学科(内籀之属),在《西学门径功
用》(1898)中内籀诸学还没有收入计学,严复在《原富》"译
事例言"中首次将计学加入了归纳性学科的范围。 培根认为简
单罗列的归纳法(即严复所说的"历数内籀")不是科学,但他
并没有涉及演绎法。 培根以后二百余年,逻辑学有了极大的进
步,其中穆勒的贡献尤为重要,对严复的影响也是不可估量
的。 严复吸收了斯宾塞、穆勒的学说,指出演绎法可以"据已
然已知以推未然未知者",是民智最深的反映。 故严复在《原
富》"译事例言"中说,计学"至近世如耶方斯、马夏律诸书,
则渐入外籀,(中略)此二百年来,计学之大进步也"(《原
富》,9 页)。

另一个问题是"试验"。 穆勒指出随着科学的发展和复杂
化,某些直接观察、实验成为不可能。 基于直接经验的归纳被
演绎所取代。 这是一个科学由归纳向演绎转换的历史趋势。
穆勒把对自然的把握、了解("即物")分为两种:observation;
experiment,严复分别译为"观察"与"试验"。"观察者,即于
自然以候其变者也。 试验者,为之人事以致其兆者也"。 所以

"天理公例，其为观察自然而得（如天文世运之属）"，另一方面，自然科学的法则等"经设事试验而明（如化学格致之属）"。"观察"和"试验"并无优劣之分，只是适用的对象不同（《穆勒名学》，327 页）。

《政治讲义》是严复 1905 年夏为青年会做的连续讲座，以英国历史学家西莱（J. R. Seeley, 1834～1895）的 *Introduction to Political Science* 为素材。在开场白中，严复对政治学的方法做了说明：治政治学"最新最善之涂术，何则？其涂术乃天演之涂术也"。所谓天演的"涂术"就是收集史料，分门别类，考察政府机关的作用，把握国家进化的事实，归纳出治乱盛衰的原因；然后对初步的结论进行验证，获得政治学的原理原则。严复指出这就是归纳的方法。归纳必先考察事实，考察时必须戒除《群学肄言》所提到的各种偏见。同时，政治学上的考求事实，与其他学科有不同之处。其他学科，如化学、动物植物学可以试验，但是"国家者，天地之大物也。而祸福所及者重以众，故试验不行，而惟资于观察。且观察矣，又不若天象、地文之事也。盖国家有性情之物也。其行事发现，虽关团体，而常假手于一二人；又常出以秘密，而故为混淆以贸视听者有之；又以纪载者之不能无成心，而或出于轻忽"（《严复集》五，1249 页）。

严复说："此后吾党之言政治，大抵不出内籀之术。而同时所为，有二种功夫，一是区别定名之事，一是考订沙汰之事。盖不为其前，将虽有事实，而无纲纪；不为其后，将所据已误，而立例自非"（《严复集》五，1250 页）。 但是这些法则没有经过验证，往往不正确；而且德行（即伦理学——笔者）和政治混杂不分，远没有达到科学的境界。 严复说，我们不能像古人那样（非若前人所为），"但举最上法式而言，而置每下愈况者于不顾也。 是如动植学家，凡是草木飞走，皆当征验"（《严复集》五，1251 页）。 所谓"每下愈况者"首见《天演论》，就是我们身边的各种自然现象。 严复指出：政治学不是为政之术，同其他科学一样，政治学只需实事求是，找出社会变化的自然法则来。 同时还必须对这些法则进行检验、印证。"此是格物穷理实事求是之学，固无虑意见之偏，宗旨之谬也"（《严复集》五，1242 页）。 严复在归纳法中更加强调"征验"，即检验、印证，这是西莱原著中没有的内容，需要我们加以注意。

严复完全赞同西莱所言：史料的获得以及对此加以归纳性的整理是历史学乃至政治学赖以成立的基础，而 18 世纪的郝伯思、洛克、孟德斯鸠等由于时代的限制，都没有做到这一点。政治学作为一科之学的建立也晚至 19 世纪后半叶。

在《论今日教育应以物理科学为当务之急》（1906）中严复说：

> 格物致知之事……方其始也，必为其察验，继乃有其内籀外籀之功，而其终乃为其印证，此不易之涂术也。"内籀"东译谓之"归纳"，乃总散见之事，而纳诸一例之中。（中略）

"外籀"东译谓之"演绎"。外籀者，本诸一例而推散见之事者也。（《严复集》二, 280页）

严复借赫胥黎之口再次强调了这一点，在时论《原强修订稿》和《天演论》中有相同的言辞，而这时日语译词"归纳""演绎"已经无法忽视了。

第四节　科学的内容与次第

与中学完全异质的西学都有哪些内容，分科成学的内容之间，是否有轻重缓急的次第？ 在这方面，严复的知识来自亚当·斯密与斯宾塞。

斯密在《国富论》"青年教育机构的费用"一节中讨论了欧洲教育经费的来源、学科体系及课程安排、教学双方的教育环境等问题。 其中涉及西方学术的历史、现状，以及欧洲大学的学科建构、课程设置史及其变迁等。 正是在这段或多或少游离了经济学主旨的文字中，science 的用例共出现了27 词次之多，[1]或者

---

① 斯密原书 science 一共使用48 次。 原书为超过1000 页的巨著，可以说频次并不高，但是相对集中。 另 scientific 只有2 例，science 方法论的意义似尚未定型。

使用复数形式，或者与 art 对举。① 斯密的论述对于严复理解西方的学术体系起了极其重要的作用，甚至是阅读《天演论》等所必需的预备知识。严复在《原富》中是这样转述斯密的西方学术体系、课程内容的：②基督教成为国教之后，拉丁文成了欧洲通行的语言。教堂里祈祷、《圣经》的翻译，都使用拉丁文。宗教需要神秘感，民间不再使用拉丁语之后很久，教会等仍在使用，不加变革。于是"欧洲文字遂区二途，一曰教门文字，一曰民氓文字，一圣一凡，此雅彼俗"。除拉丁文以外，欧洲大学还讲授希腊文和犹太的希伯来文，只是讲授的理由和拉丁文大不相同。《圣经》以拉丁语译本为定本，希腊语和希伯来语对于神甫牧师本来无足轻重。但是宗教改革以后，新教人士动辄驳斥拉丁语译本有违原文，主张《新约》必依希腊原文，《旧约》必依希伯来原文。二语在解释教义上如此重要，大学里也就不得不讲了。而且希腊古国文物最隆，欲治古典舍此无由而入，所以大多数大学在讲授哲学之前，先要讲授希腊文，而希伯来文只在进入神学课程后才开始讲授。

严复还特别强调了必须学习希腊文、拉丁文的三个理由。第一，希腊、拉丁二语是精通西学的语言基础，因为西方各国文字多从希腊、拉丁二语而生，源流正变，厘然可考。不学二

---

① 现代汉语中，"科学"常与"技术"连用，也有"一门科学"的说法。但是不具备形态变化手段的汉语，使用"科学"这一相同的字串，表达 science, scientific 的不同意义。

② 现代汉语译文参考了谢祖钧 2008 年译本的相关章节，下同。

语而言西学，如同不知小学而言中学。 第二，希腊的逻辑学、罗马的法律学博大精深，不学其语言，无法精通。 第三，严复指出科学术语，如动植之学、化学，尤其是生理学、解剖学等医学术语，多用希腊文、拉丁文，不精通二语，势必影响西学的接受。 严复说："十余年来，中土人士始谈西学，大抵求为舌人，抑便谈对而已，至于西学，亦求用而不求体，则于二古文无怪治者之少矣"（《原富》，627 页）。 而斯密在原著中并没有刻意强调希腊文、拉丁文对于近代科学的重要性。

对于学科的形成，严复解释道："古希腊哲学共分三支：一曰物性之学，凡格物致知之事是。 二曰人道之学，凡修身治人经国善俗之事是。 三曰名理之学，凡文字语言思虑伦脊之事是"（《原富》，627 页）。 严复分别用"物性之学""人道之学""名理之学"来对译物理学（physics），又称为自然哲学（natural philosophy）；伦理学（ethics），又称为道德哲学（moral philosophy）和逻辑学（logic）。 严复解释说，"凡格物致知之事"都属于物理学，而伦理学包含了"经国"这一现代伦理学以外的内容。 斯密认为这种三分法反映了自然的现实，严复也说"循夫自然之理耳"。 而"哲学"是三门学问的总称，是上位概念。 严复解释说，哲学之所以先于物理之学，是因为初民对天地万物的种种现象，不知其所以然，想求得解释而不能，便都归于鬼神的力量，宗教得以立。 民智渐开以后，哲学（人类知识的总汇和积累）用比鬼神更为简单易懂的原理来解释自然。 这样，解释自然的科学就成了哲学的第一个分支，就有了物理之学。"初民之智，必先观物而后观心，故哲学之兴必先物性"（《原富》，627 页）。

道德哲学的发生源于"律令格言"的建立，只有共同遵守，才能享受"相生相养之乐而不危乱"。文字发明以后，律令格言多采用寓言、格言的形式，但是古代"道德之书，所患在散而无统，偏而不赅"，很少能有像"格物穷理之为者"那样有系统、有条理；至于归纳法则，推论结果的情况就更少了。中古以后，民智渐开，这些关于道德的学说才形成体系。古今人类所观察到的自然现象，虽然繁复纷纭，但都遵循一些基本的法则；与此同理，关于道德的言行和思索（这些言行思索零散地反映在寓言、格言、语录里，话语很简洁，但是对很多事情有指导意义）也可以按照自然哲学的方法进行整理，这就是道德哲学的开始。所谓哲学就是对各种现象进行归纳，再将归纳出来的法则应用于其他事情。道德是哲学的一个分支。

逻辑学起源于不同体系的自然哲学、道德哲学的论辩。这种论辩"驾虚无据之说，虽极慧巧"（《原富》，628 页），但是不仅对于解惑答疑毫无帮助，而且对众多的自然现象也只能视而不见。所幸的是学问本无形上形下之分，逻辑学培养锻炼的辩论、推理技术对于阐明自然法则也是有益的。所以说逻辑学是"思辨之术，立为律令，以断其言之是非，与夫其理之信妄也"（《原富》，629 页）。逻辑学发生于"形气道德二科之学"后，但是过去讲授的顺序是先逻辑学，后物理、道德之学。因为逻辑学有"道赖以明"的作用。

严复继续解释道："古之哲学区为三科如此，浸假而欧洲国学乃析是三者而五之。盖上古为学，不甚知形上形下之殊，故心性鬼神之学皆统于物理而言之。"但是，中古以后，"神理一宗，自别于物理而析而为二，此西学形上形下之所由分也。物理蹠实，是形而下之学；神理蹈虚，是形而上之学者。"形上之学"为神甫牧师之所必治"，所以倍受重视。形下之学具体而容易认知，如果善于观察，勤于试验，有益于人类生活的知识就"可以日出而无穷"，但是形下之学没有受到应有的重视。

物理与神理被置于相互对立的位置之后，又产生了第三种学科，即"本体论"。本体论原来的目的是研究物理学与神理学两者之间的共同性质和属性，但是，实际上其绝大部分内容来自形上之学或精神学（metaphysics or pneumatology），所以本体论也同样被称为形而上学。另一方面，古代道德哲学所探讨的对象是作为人类社会成员的个人的幸福和圆满。但是当道德哲学和自然哲学都被当作神学课程的附属来讲授时，来世的幸福便成了探讨的主要对象。在大多数场合，诡辩术和苦行的道德构成了大学中所讲授的道德哲学的主要内容。哲学所有分支中最重要的内容就这样被严重地歪曲了。

对欧洲绝大多数大学的课程安排，严复总结说，逻辑学第一，为入门之功课，次曰形而上学，三曰神理之学，"凡造物真宰之朕兆，人类灵性之长存，皆于此焉讲之"；四曰道德之学，五曰物理之学。神理之学和道德之学互为表里，陷入了宗教的陈词滥调；而物理之学作为最后一部分教学内容在欧洲当时的教育体制下只能略述大概，无法详细讲授给学生。 严复批评说，"甚矣，教宗之说之害学术也！"（《原富》，631 页）宗教的内容不但占据了大学课程的主要部分，而且是最重要的位置。 严复认为斯密所展示的学科次第，始于名学即逻辑学，这是妥当的，但最大的谬误是以物理之学，即形下之学终。 这样的次第与《大学》的"先格物致知，而终于平天下"相悖。 严复更推崇斯宾塞的学说：以名数二学为始，接下来是格物诸科，最后是群学，即治平之学。 这样才与中国古圣贤的主张相符。

严复关于科学的内容和次第的另一个思想资源是斯宾塞的《社会学研究》（*The Study of Sociology*，1873）。 在这本书的第 13 章，斯宾塞主要讨论了进行社会科学研究所需要的各种知识上、思维方式上的准备。 这一章对各学科做了最详尽的介绍，也是对严复的科学观影响最大的部分。 但是我们应当留意，与亚当·斯密不同，斯宾塞在这里展示的不是科学的体系，而是社会学研究与其他学科的关系。 社会学 Sociology 是成立较晚的学科。 它的命名者、法国社会学家孔德提出了三阶段法则的假说，即人的精神发展进步须经过三个阶段：神学的阶段、形而上学的阶段和实证的阶段。 在这个假说发表之前，孔德还提出了科学分类法则。 孔德把科学分为数学、天文学、物理学、化学、生物学、社会物理学六个部门。 这六个部门根据观察的难易度和对其他现象的依存度构成序列，社会现象最复杂，对其他现象的依存度最高、最特殊，与人的关系也最为

紧密，其研究还未进入实证阶段。① 为了明确这种关系，需要
更多的科学知识和更强的科学精神。 孔德发现了生命科学和
社会科学之间的关系。 孔德的科学分类把生物学置于社会学
之前。 他认为要进行社会学的研究，生物学上的准备是必需
的。 根据斯宾塞的学说，西学是一个以 sociology（亦作 social
science）为顶点的庞大体系，严复将其称为"群学"。 对于斯
宾塞而言，sociology 是分析社会行为、解释复杂的社会现象以
及各种社会现象发生之规律的学问。 而严复"群学"的终极
目的是"修齐治平"。 斯宾塞本人并没有说社会学是一切学
问的总汇，但是当严复把斯宾塞的社会学当作"大人之学"
时，社会学就变成了高于其他一切知识的或者说其他学问都须
为之服务的"治平之学"了。 社会学是以人为对象的，人的
意志千变万化，利害关系错综复杂，无法像自然科学那样期待
理所当然的因果关系。

斯氏将科学分为抽象科学、抽象—具体科学、具体科学三
科，各部分对译名称和所含科目如下：

1. Abstract Science，抽象科学，含逻辑学、数学。

2. Abstract-Concrete Science，抽象—具体科学，含物理学
（电学、光学、热学、磁学）、化学（原子学说）。

3. Concrete Science，具体科学，含天文学、地质学、生物

---

① 清水几太郎：《オーギュスト・コント》，东京：筑摩书房 2014 年版，第 95—
114 页。

学、植物学、精神科学、心理学、伦理学、哲学。

这不仅是根据研究对象和研究方法进行的分类，而且阐明了各学科对社会科学的贡献度。斯宾塞认为，社会学研究需要与之相适应的思维习惯，而这种思维习惯只能通过对其他科学的研究才能习得，这是因为"社会学包含了所有其他学科的各种现象"。为了习得有助于社会学研究的思维方式，必须接触多种学科。对于这段提示，严复译为"盖群学者，一切科学之汇归也"。原文的"现象"在译文中变成了"汇归"，两者的意义和重要性都是不同的。这种改动反映了严复对斯宾塞所展示的学术体系的独特理解，尤其是对群学的重视。①

抽象科学，严复命名为"玄科"，②玄科"理不专于一物，妙众体而为言"，包含名数二科，此二科"取一切形神器，表里精粗，而莫不举"，"所以研不易之事理，究不遁之物情也"。其中包含着社会学所必需的关系。但是也有弱点，"使学玄科者之心习既成，而不能以自拔，则其心将有以与于玄，而无以与于著。"在《西学门径功用》中，严复说："故为学之道，第一步则须为玄学。玄者悬也，谓其不落遥际，理该众事者也。

---

① 严复在《原强修订稿》中说"学问之事，以群学为要归。唯群学明而后知治乱盛衰之故，而能有修齐治平之功"。《严复集》一，北京：中华书局 1986 年版，第 18 页。

② 关于为何命名为"玄"，严复解释说："字书玄者悬也，盖其德为万物所同具，而吾思取所同具者，离于物而言之，若虚悬也者，此其所以称玄也。"〔英〕斯宾塞：《群学肄言》，严复译，上海：上海文明编译书局 1903 年 4 月版，第 244 页。

玄学一名、二数，自九章至微积，方维皆丽焉。人不事玄学，则无由审必然之理，而拟于无所可拟。然其事过于洁净精微，故专事此学，则心德偏而智不完，于是，则继之以玄著学，有所附矣，而不囿于方隅"（《严复集》一，94 页）。

抽象—具体科学，因其介于抽象科学和具体科学之间，故名曰"间科"，在《西学门径功用》中曾被称为"玄著科"。"间科如化学及格物之水、火、电、光、音、力等门"（《群学肄言》，243 页），"所考者，虽存于形下，而其理则可及于万殊"（《群学肄言》，171 页）。又说："理由玄而渐著，虽然，未遽著也，而有其玄与著之间，是为间科，则质力诸学之所有事也。二者介于形上形下之交，而皆为名数之所纬，至于其理，则因果对待是已。言群学不能置因果（于不顾）也，故间科尚焉"（《群学肄言》，243 页）。间科于"心习"最大的帮助是牢固确立因果关系的概念。这是科学的因果关系，而非迷信的因果关系。严复在《西学门径功用》中说："玄著学，一力，力即气也。水、火、音、光、电磁诸学，皆力之变也。二质，质学即化学也。力质学明，然后知因果之相待。无无因之果，无无果之因，一也；因同则果同，果钜则因钜，二也。而一切谬悠如风水、星命、機祥之说，举不足以惑之矣。然玄著学明因果矣，而多近果近因，如汽动则机行，气轻则风至是也，而无悠久繁变之事，而心德之能，犹未备也，故必受之以著学"（《严复集》一，94—95 页）。在这里严复强调了玄著学，即物理化学在培养思维习惯方面的不足之处，即，此二学所体现的是直接的因果关系、机械性的反应，而以人为研究对象的群学，其事物之间的关系更加复杂、难以捉摸。为了克服这种缺点，还必须学习具体科学。

具体科学"惟以其上下照察，耳目所得施，故称著焉"，"著科则天文、地质、医学、动植、法律、心灵皆是也"（《群学肄言》，243 页）。斯宾塞认为这些学科体现了进化论最重要的三个概念：持续性、复杂性和偶然性。严复分别用"悠久、错综、蓄变"来翻译，这是严复独特的译词。严复在《西学门径功用》中说："著学者用前数者之公理大例而用之，以考专门之物者也。"又说："非天学无以真知宇之大，非地学无以真知宙之长。二学者精，其人心犹病卑狭鄙陋者，盖亦罕矣！"（《严复集》一，95 页）

斯宾塞又将具体科学分为无机具体科学和有机具体科学两类，严复分别译为"官品"和"非官品"。在《西学门径功用》中，严复说："至于人学，其蓄变犹明，而于人事至近。夫如是，其于学庶几备矣。然而尚未尽也，必事生理之学，其统名曰拜欧劳介，而分之则体用学、官骸学是也。又必事心理之学，生、心二理明，而后终之以群学"（《严复集》一，95 页）。

严复在《群学肄言》中将斯宾塞的学科内容翻译如下：[1]

---

[1] ［英］斯宾塞：《群学肄言》，严复译，上海：上海文明编译书局 1903 年 4 月版，第 243—253 页；H. Spencer, *The Study of Sociology*, Hew York: D. Appleton Company, 1874, pp. 316 - 326.

玄科	名学、数学	
间科	力学、质学、声电光热;无官、有官;(脚注)化学、格物之水、火、光、电、音、力	
著科	天文、地质、官骸、动植;(脚注)天文、地质、医学、动植、法律、心灵	

1902 年严复出任京师大学堂附设译书局总办,1903 年 8 月,在《京师大学堂译书局章程》中将上述内容更加详细整理为:①

统挈科学	名学	名学
	数学	(空间)几何、平弧、三角、八线、割锥 (时间)代数、微积分
间立科学	力学	动力学、静力学、水学、火学、声学、光学、电学
	质学	有机化学、无机化学
及事科学	天地之学	天文、地质、气候、舆志、金石
	人物之学	解剖、体用、心灵、种类、伦理、生学、群学、历史、法律、财政、军事、农工商、动物、植物

这就是严复大学学科建构的蓝图,只是没有机会加以实施。严复在《与外交报主人书》中提出了"中国此后教育,在在宜著意科学"的建议。四年后他在基督教青年会讲演

----

① 严复:《京师大学堂译书局章程》,《严复集》一,北京:中华书局 1986 年版,第 129—131 页。

教育改革问题时，再次提起了这个建议。①

严复在讲演的开头表示，与主持者商定的题目原为《教育新法》（"A New System of Education"），即新的学术教育体系。但讲演会通知上却是《教授新法》（"A New Method of Teaching"）。严复认为："教育千言万语，所争不过二端：一所以教人者系何种学业？二所以授此学业者，方法如何？"但教授法只有在一定的教育体系的前提下才能进行讨论，所以严复决定仍用《教育新法》一题发议论。所谓的教育新法就是教育体系从旧有的四部之学向分科之学的转换。严复先说应该以"自然为师"，因为自然规则"顺之则吉，逆之则凶，累试必验，无一爽者"。最近，中国开始接受西方的教育体系，天演竞争之公例"优胜劣败，天然淘汰"，几为人人之口头禅。但是也有人顽固地反对。如某陈姓侍御上书朝廷，声言"八股既已所学非所用而废，而今日学堂所学，如语言，如物理，如化学，又非他日从政所合用者"，言下之意这些学科的知识与政治无涉，也应在废止之列。严复斥责这位陈姓侍御根本不懂教育，教育一事根本不像他所说的"学几何、三角者，必日事于测高仞深，学理、化、动、植者，必成业于冶铸树畜"。按照这种论调，不仅一切"新学、西学、科学，皆非所事，即旧学之国文词章，亦近华藻；经史子集，亦为迂途"。是不是应该

---

① 1906 年 6 月 15 日讲演辞以《教授新法》为题被多种报刊登载。收入《严复集》的演说辞题目被改为《论今日教育应以物理科学为当务之急》。孙应祥、皮后锋编：《严复集补编》，福州：福建人民出版社 2004 年版，第 61 页。

像秦代那样"以吏为师，惟日从事于刑、名、钱、穀、吏、礼、兵、工而后可"？ 严复说这样的教育是"缘木求鱼"，因为"不达于人心之理故也"。

严复指出，中国的教育历来极其兴盛，但"大抵皆未完全"，主要有四大缺点。 即中国旧有教育体系的内容，演绎性的多，归纳性的少；"所考求而争论者，皆在文字楮素之间，而不知求诸事实。 一切皆资于耳食，但服膺于古人之成训，或同时流俗所传言，而未尝亲为观察调查"，"学成而后，尽成奴隶之才，徒事稗贩耳食"（《严复集》二，281 页）。欲"疗此锢疾"，严复开出的药方是多学"物理科学"。 因为，"科学有外籀（演绎），有内籀（归纳）。 物理动植者，内籀之科学也。 其治之也，首资观察试验之功，必用本人之心思耳目，于他人无所待也。 其教授也，必用真物器械，使学生自考察而试验之。 且层层有法，必谨必精，至于见其诚然，然后从其会通，著为公例。（中略）曩读诏书，明定此后教育宗旨，有尚公、尚武、尚实三言。 此三者，诚人类极宝贵高尚之心德。 德育当主于尚公，体育当主于尚武，而尚实则惟智育当之。 一切物理科学，使教之学之得其术，则人人尚实心习成矣"（《严复集》二，282 页）。 严复说：诸科之学当中，数学，自几何到微积分以演绎为主要性质；至于物理、化学、动物、植物等诸科则具有较强的归纳性质。 所以学校的课程中一定要有数学、物理、化学、动物、植物等学科。 这样不仅能获得人生必不可少的知识，而且还有"治练心能之功，后此治事听言，可以见微知著，闻因决果，不至过差"。 这正是斯宾塞所说的"抽象—具体科学"培养因果关系概念的功效。

严复所谓的"物理科学"包括：物理、化学、动物、植物、天文、地质、生理、心理诸学，相当于今天的自然科学和一部分人文科学，即斯宾塞的"抽象—具体科学"和"具体科学"。这些科学多具有归纳科学的性质，虽然曾被视为形下之学，但是，由于一、直接观察自然，归纳创建自然法则；二、研究成果有益于国计民生，所以成为衡量一个国家是否进步富强的标尺。 严复指出西方国家二百年来的繁荣富强，贸易、政治改良是一部分原因，最重要的原因是科学技术的发展（惟格致之功胜）。 物理科学既可以改变中国的"士民心习"，又是国家富强不可或缺的。 在结束讲演时，严复再次总结道：

物理科学，其于开瀹心灵，有陶炼特别心能之功，既如此，而于增广知识，其关于卫生保种，大进实业又如彼，然则教育所用学科，宜以何科为当务之急，为吾国所最缺乏而宜讲求者，诸公胸中宜了了矣。

教育要义，当使心德不偏。故所用学科，于思理、感情、内外籀，皆不可偏废。

人生世间，无论身之所处，心之所为，在在皆受治于自然之规则者。欲知此规则，有自然之教育，有人为之教育。人为教育分体、德、智三者，而智育之事最繁。以中国前此智育之事,未得其方,是以民智不蒸,而国亦因之贫弱。欲救此弊,必假物理科学为之。然欲为之有效,其教授之法又当讲求,不可如前之治旧学。(《严复集》二,285 页)

严复由教育的体系、教学内容谈及教授的方法,可以说是对"科学"三致意了。

小　结

以上我们从四个方面讨论了严复的科学思想。 最迟于1898 年,严复已经对 science 的意义内涵、性质、方法有了深刻的了解,形成了自己的看法。 对于严复而言,"学（science）"与"术（art）"是两个对立的概念,"学"的目的在于对"自然规则"的追求;"术"则是"设事而知方",偏于实用。 "术"可以升华为"学",必要条件是付诸观察的诸事实现象的"体系化"。 就"学"而论,严复认为:古时之"学"分为"形气道德"（即形上形下二学）,名学作为哲学的分支属形下之学;然而近代以降,形下之学的原则（即实测、会通、试验）亦为形上之学所接受,故"形气道德"皆成"科学",其中尤以考究归纳演绎等推论法的名学为诸学之学。 严复指出中国传统旧学"既无观察之术""又无印证之勤"（《严复集》二,281 页）,

"是以民智不蒸，而国亦因之贫弱"（《严复集》二，285页），亟需讲求如物理、化学、动物、植物、天文、地质、生理、心理等学。以归纳法为基础的此等"物理科学"，既利民生，又益民智。崭新的、体系俨然的"科学"将改变旧世界，也是中国救亡的唯一途径。这就是严复推崇"科学"，尤其是"名学""物理科学"的原因。严复的科学认知得益于西方启蒙时期的社会精英和他们的经典著作。如培根、亚当·斯密、赫胥黎、斯宾塞、穆勒等。同时，对中国传统文献的了解也使严复有可能对比双方，清楚地认知两者之间的差异。

对概念的理解和接受只是第一步，严复在如何用汉语表达"科学"，并准确转述给中国的读者这一问题上遇到了困难。严复在《天演论》中使用"学""学术""格致"等表达 science 的概念，在 1898 年以后翻译《原富》和《群学肄言》的过程中，开始使用"科学"这一文字串。"科学"是在《原富》的序言中首次出现的，但是这段文章并不是翻译。在介绍西方教育体制的章节里，"科学"出现了 27 次，意思是一科之学。《群学肄言》使用"科学"57 例，主要用于讨论学科的内容和特点。

《穆勒名学》共计使用"科学"155 词次，是严复最集中使用"科学"的译著。《穆勒名学》中的"科学"常以"内籀科学、外籀科学、一科学、此科学、他科学"的形式出现，也有"格致科学"的连用。其主要意义为遵循某种方法而建立的学科，更多地指称自然科学。严复还多次使用"科哲诸学"来表示自然科学和作为人文科学总称的"哲学"。 严复认为以"哲学"译 philosophy 不是一个适当的译名。 因为，在汉语的语境中，相当于西文中形而上学（metaphysics）的是"理学"，与"格物"即形而下的 physics 自然科学各学科相对，philosophy 是两者共同的上位词，但还没有一个固定的译名。 在日本，"理学"在兰学之后一直是 physics 的译词，philosophy、metaphysics 分别被译为"哲学"和"形而上学"，"哲学"一方面是总称，另一方面作为一科之学的名称，这种语义上的冲突令严复不安。 严复在介绍"笛卡尔"及其唯心论时说，笛卡尔之前，形下之学（physics）和形上之学（metaphysics）尚未细分，统归"理学"。 严复似乎倾向于用"理学"译 philosophy，下摄"神理（之）学""物理（之）学"。 但《穆勒名学》中"哲学"使用达 43 次之多，日本译名已经无法阻挡了。《政治讲义》应该视作译著，其中的"科学"用于讨论"成学"的问题。 原文使用的是 political science，而不是单纯形式的 politics。《与外交报主人书》和《论今日教育应以物理科学为当务之急》是另外两篇集中地使用了"科学"的文章。

严复留下来的译著、著述中，共有 370 多个"科学"的用例，都是做名词使用，没有形容词的用法。 对于严复来说，"科学"始终是一科之学，是诸科被体系化了的"学"，所以必须考虑为学的方法、对象与功用等。 在翻译《天演论》前后，严复写了一系列文章，都与科学的问题相关。 第一篇是《论世变之亟》（1895），最后一篇是《西学门径功用》（1898）。 至此，严复的科学观已经形成，在以后的译书、文章中不过是进一步加以诠释而已。严复的"学"、当时中国社会上的"西学"、五四期的"科学"，三者在词语上的更替，概念上的充填都是今天应该仔细研究的对象。与西周一样，严复在普及科学思想方面并不成功，影响似乎不大。但影响确实发生了，胡适就是一例。（详见第四章）

构成严复科学思想底色的培根，其科学思想的核心是，观察自然，取法自然，这是改造自然的前提；培根鼓吹知识的价值和功能，留下了"Human knowledge and human power come to the same thing."的箴言，严复译为"民智即为权力"①。培根还为近代科学准备了行之有效的方法：归纳法。

同时，严复称赞斯宾塞的科学体系"以群学为要归"，"群学明而后知治乱盛衰之故"，是"真大人之学"。② 但是，斯宾塞的科学只是通往"群学"的阶梯，而不是科学体系本身，脱离了群学"统摰"的各科，只不过是"随有遭遇而为之可耳"的专门专业而已。③ 在培根和斯宾塞之间，严复是左右逢源，还是有所侧重？ 其间的得失或能成为近代思想史研究的一个

---

① 译文见［英］亚当·斯密《原富》，严复译，北京：商务印书馆，1981 年，220页。 在《名学浅说》中为"智识者权力也"（［英］威廉·史坦利·耶方斯：《名学浅说》，严复译，北京：北京时代华文书局 2014 年版，第 2 页）。
② 严复：《原强修订稿》，《严复集》一，北京：中华书局 1986 年版，第 18 页。
③ 严复：《京师大学堂译书局章程》，《严复集》一，北京：中华书局 1986 年版，130 页。 "以上三科而外，所余大抵皆专门专业之书，然如哲学、法学、理财、公法、美术、制造、司账、卫生、御舟、行军之类，或事切于民生，或理关于国计，但使有补于民智，则亦不废其译功。"据其语气，不过是聊胜于无而已。

课题。

严复的"科学"取义"一科之学",这也是当时中国社会较为一般的理解。所不同的是,严复为"科学"注入了科学之所以为科学的含义,可以说严复的译词转换有着深刻的概念史上的考虑,尽管他本人对此未置一词。需要指出的是,严复始终没有放弃用"学"来指称整个人类知识、学问体系的努力。例如,1909 年起严复任清学部审定名词馆总纂,主持审定了近 3 万条科技语。对 science,该委员会所选定的标准译词(即教育部审定词)是"学";列于第二位的"科学"只是作为广泛使用的新词介绍给社会而已,严复等审定者们对"科学"显示了保留的态度。①

---

① 沈国威:《官话(1916)及其译词——以"新词""部定词"为中心》,载《アジア文化交流研究》2008 年第 3 号,第 113—129 页。

第四章

讲科学的时代

延续了千年以上的科举于 1905 年被废止，中国迎来了弃八股、讲科学的时代。 在现代汉语中，"讲科学"有两个含义，一是讲述、讲授科学，把科学作为一种知识，传授给民众，其装置（institution）是以义务教育为特征的近代学制。 此处的"科学"是具体名词，表示的是一个来自西方的、与传统学术格格不入的、崭新的知识体系。"讲科学"的另一个含义是讲究、讲求科学性，这里的"科学"是抽象名词，具有形容词的词性，表示的是科学所内含的特质和方法。 人们以此判断事物的优劣，指导自己的工作、学习，甚至人生的方方面面。 在这一章里，我们将简单回顾一下 20世纪初叶，"讲科学"的两个方面从无到有，逐渐实现的历史脚步。

第一节　讲述科学

科举废止，新学制欲取而代之。 新学制的本质是启迪民智、陶铸国民，让所有的国民都获得科学知识，这是现代人必备的基本学养。 科学知识的讲授是区别于旧有教育体制的关键之处。 为此，教育内容和教授方式都需要发生根本性的变革。即，教育内容逐渐摆脱旧有知识体系的束缚，转向学校教育的科学常识；教授方式以讲述、听解为主，四书五经等古典的背诵退居次要地位，乃至消失。 这种新内容新方式，笔者称之为"科学叙事"。 作为话语行为的"科学叙事"应该具有以下要素：

空间：教室等学校设施，或其他公共空间；

内容：自然科学和人文科学的知识（构成现代人知识背景的常识）；

对象：学生，不确定的多数，其背景知识由教学大纲等规定；

语言：超越地域、方言的口头共同语；

媒介：教科书、教师的课堂讲述。

其典型的事例是指在教室、讲堂等教育空间里，由使用共同语讲解自然、人文科学知识的教师和用耳听讲并加以理解的学生构成的语言活动。 科学叙事的基本要求是，于讲者能说出，于听者能听懂，即"言文一致"。 科学叙事，语言是事关成败的重要前提条件。 对于当时西式学校林立，以西文教学的现状，《外交报》的编者说：

> 语言文字，为国民精神之所寄。未有语言亡而其国存者。泰西列邦，大都自尊其国语。（中略）中国数十年来，每设学堂，咸课洋文。今奉旨推广，颇闻有以聘洋文教习为先务者。不知教育之要，在普通学而不在语学，即尽中国人而能外国语，吾亦未见其益也。非不知既通洋文，亦可徐习普通。然终不如用汉文之亲切而广大。日本埃及，同一兴学，而一效一不效者，重方言与重外国语之别耳。事方谋始，不可不慎。①

这是报社编辑为英国传教士"利"君在上海教会做的一次演讲而加的按语。 讲演的主要内容是中国的语言问题。 利氏指出：中外贸易、全国规模的科举考试以及将要开始兴建的铁路工程等因素必将促进官话，即口头共同语的普及，这是语言变化的内部原因；而语言变化的外部原因则是域外文明的传入

---

① 《外交报》第3期（1902年3月4日）"译报栏"载《论中国语言变易之究竟》的按语。

和外族的入侵。 利氏举了日本近代以后接受域外文明改变语言的事例：

> 三十年前，日本知己国文明，不及泰西，乃谋维新，以求并立。故广设学校，聘英人为师，教授英国语言文字。并遣聪颖子弟，游学英美各国，研习艺术，归主讲席。当时日本人习英文者极为踊跃，外人观之，鲜不谓日本必将改用英语矣。而孰知不然。日本既受他国教化，乃<u>大增新字，改易文体</u>，而其用本国语言文字仍自若也。①

日本在建构近代教育体系的过程中，曾大量招聘外国教授在高等教育机关任教，即所谓的"御雇外国人"。 1880 年代中期以后，留欧学生陆续回国，逐渐取代了外国教授。"大增新字"即大量创制新的学术用语，这一尝试，日本的兰学家们从 18 世纪中叶以后就已经开始，并在医学、化学、军事等领域取得了初步的成功，确立了译词创制的方针、原则，积累了丰富的译词。 但是人文科学术语的创制，主要是在明治维新（1868）以后。 日本近代的学术用语以汉字词的形式为主，这又促进了新文体"和汉混淆文体"，即现代日语

---

① 《外交报》第 3 期（1902 年 3 月 4 日）"译报栏"载《论中国语言变易之究竟》。 下波线为笔者所加，下同。

文体的诞生。① 进入明治20年代（1887～）后，日本的大学已经主要使用日语进行授课了。 在对比了日本的情况之后，利氏说：

> 中国语言将来如何变易，不难预断。泰西文明，沾溉东土，华人性虽嗜旧，不喜求新，亦不能独违世运，保其数千年之旧学。今者文化东渐，日趋于盛，将来必将中国教育之法，尽行改革。然所谓改革者，不过增新字，变文体，以开学子之心胸，以速成学之功效而已。今中国人多习西文，大抵因各国艺学之书，迻译甚寡，非通其文字，不易得其途径。他日者新籍流行，有可循习，必仍用其旧有之语言。盖中国之所乏者，不在语言而在文化也。惟教授可用方言，而为之师者，则必须兼通异国文字，庶可偕各国进步，不至望尘不及耳。②

利氏认为现在中国很多人学习外文是因为外国科学书的翻译太少，不学外文就无法获取外部的新知识。 今后一旦翻译书流行就可以使用自己的语言学习了。 中国所缺的不是语言，而

---

① 参见沈国威《新语往还——中日近代语言交涉史》，第2编"新词创造篇"，第1章，北京：中华书局2010年版。
② 《论中国语言变易之究竟》，载《外交报》第3期（1902年3月4日）"译报栏"。

是语言所承载的文化，即西方的新知识。课堂上可以使用本国的语言，但是教师必须兼通外语，这样才能与世界各国共同进步。

对于利氏的主张，《外交报》编者说"利君此论，颇足鉴警。愿吾国谈教育者一省览之也"。但是，利氏的讲演和《外交报》的按语引起了严复的激烈反对。严复认为20世纪初叶的汉语还无法胜任传播西方科学的工作。他在《与外交报主人书》（1902年5月）中说："至欲以汉语课西学者，意乃谓其学虽出于西，然必以汉语课之，而后有以成吾学。此其说美矣，惜不察当前之事情，而发之过蚤，（中略）迨夫廿年以往，所学稍富，译才渐多，而后可议以中文授诸科学。"严复说培根、牛顿与斯宾诺莎的著作都用拉丁语而不用本国语言，这是因为那时他们的国语"俚浅不足载道故"。严复认为中国当时的情况与此相似。两年以后，严复在《英文汉诂》（1904）中又说："吾之为此言也，非谓教育之目，必取西文而加诸国文之上也，亦非谓西学之事，终不可以中文治也；特谓欲以中文治西学读西史者，此去今三十年以后之事。"用汉语讲西学又被向后推延了十年，严复似乎更加悲观了。汉语为什么无法讲述科学？在上海江南制造局翻译馆从事西书翻译的傅兰雅（John Fryer，1839~1928）说，当时有些西方人认为"中国语言文字最难为西人所通，即通之，亦难将西书之精奥译至中国"，这是因为"中国文字最古最生而最硬"。"中国自古以来最讲求教门与国政，若译泰西教门或泰西国政则不甚难",①但是翻译西方的科学技术则"几成笑谈"。尤其是西方最近科学技术发展迅速,"门类甚多,名目尤繁,而中国并无其学与其名,焉能译妥? 诚属不能越之难也。"针对这种观点,傅兰雅反驳说:"实有不然。 盖明时利玛窦诸人及今各译书之人,并未遇有甚大之难以致中止。""中国语言文字与他国略同",也是在不断地发展变化的,具有接受外来新事物的潜在可能性。② 利氏完全赞同傅兰雅的观点,附和说:"或谓中国素无格致等学,华文不足阐明此理。 故欲习格致,必先从事西文。 然西人有通华文者,谓华文意义,不独可应格致之用,无论何种专门,亦可藉以传达。 此语必非虚造。"这里的"西人有通华文者"就是指傅兰雅。

傅兰雅认为汉语的问题是"无其学与其名",指出"译西书第一要事为名目"。 江南制造局编纂了几种术语集,但是都没能流行开来。 利氏则指出汉语方言太多,影响知识的口头传播,"华文之所欠阙者,不在不足而在难通。""各地土音,必尽易为官话"才行。

对于科学术语的重要性,严复在《天演论》等的翻译过程

---

① 江南制造局翻译馆几乎没有西方人文科学内容的翻译,对这方面的翻译,傅兰雅似乎存在着误解。 后来的翻译实践证明,在人文科学领域中西之间的差异更大。 同时还需要注意的是,傅兰雅在这里讨论的是西人译西书,中国还没有外语人才,翻译工作只能以西人主导的方式进行。

② 傅兰雅:《江南制造总局翻译西书事略》,张静庐辑注:《中国近代出版史料初编》,上海:上海书店出版社 2021 年版,第 9—28 页。

中深有体会，他说"新理踵出，名目纷繁，索之中文，渺不可得，即有牵合，终嫌参差"。穆勒说：人们不愿意增加新的名称，而使用旧词表达新的对象和类别时，势必造成新旧意义界限模糊含混。不光是那些没有知识的一般民众对名词的使用不加思考，即使那些应该比较谨慎的"科学的作家"有时也一样在"破坏文字"。穆勒认为词义变化的一般倾向是事物的名称在长期使用的过程中，名实相差越来越远，以至于"名"无法表示"实"。严复将这种情况和科学叙事联系在一起，指出一般的词语意义混乱，无法作为定义严谨的科学术语使用（《穆勒名学》，35页）。关于科学术语的特点、性质，严复在《政治讲义》中多次强调：

- 既云科学，则其中所用字义，必须界线分明，不准丝毫含混。（《严复集》五，1280页）

- 夫科学之一名词，只涵一义，若其二义，则当问此二者果相合否。合固甚善，假使冲突不合，则取其一者，必弃其一，而后其名词可行，不致犯文义违反之条禁。（《严复集》五，1285页）

- （规范的术语）正是科学要紧事业，不如此者，无科学也。孔子曰："必也正名乎。"未有名义含糊，而所讲事理得明白者。（《严复集》五，1285页）

- 科学名词，函义不容两歧，更不容矛盾。（《严复集》五，1290页）

19世纪末20世纪初的汉语不足以讲述科学，有一些原因是来自汉语本身的。严复大致遇到了三个问题，一是中国没有对术语进行定义的语言习惯。"定义"是来自日语的新词，严复使用的是"界说"。"界说"作为一种语言行为，在中国并没有传统，只有彼此之间的"互训"（《穆勒名学》，103页），就是两个意义相同或相近的词互相解释，如"巨者大也"。中国古代的字书如《尔雅》《释名》都是这个套路。这种形式并不涉及属性的描写和界定。严复说站在科学家的角度看，传统的做法"只为训诂，不为界说"。界说要抽取一个名称的性质加以概括，定义"必尽德"，即穷尽属性。例如"人"的定义是有身体、有器官的生命体，能思维，具有人的外形（《穆勒名学》，124页）。但是穆勒也说日常语境中互训式的定义是不可避免的，如"人为人类之一分子"式的定义。这是因为人对事物的认知是渐进的，"由是最浅而易明者，则有互训之术"，用已经知晓的名词去解释还不知道的名词，如"雉为野鸡""泆回流也"之类就是这样（《穆勒名学》，124页）。但是，科学始于界说，没有严格的界说，就没有科学的叙述。严复说，一个名词如果只有一个意思，一个用法，用于科学最为理想。但是在语言中这种情况不仅仅是难得，简直就是绝无仅有。词的意义原来是单一的，在使用过程中发生了歧义，就不再适用于科学了。从事科学的人，往往弃置常用的名称，另立新的术语，这是不得已而为之。或者采集日常使用的词语，严加定义，用于不同的学科，总之要使日常的意义和专门的意义区分

开来（《穆勒名学》，129 页）。 严复举了"自由"的例子进行
说明：一般语言社会使用"自由"大致有三个含义：

> 一、国之独立自主不受强大者牵掣干涉为自由。此义
> 传之最古，于史传诗歌中最多见。
> 二、政府之对国民有责任者为自由。在古有是，方今亦
> 然。欧洲君民之争，无非为此。故曰自由如树，必流血灌溉
> 而后长成。
> 三、限制政府之治权为自由。此则散见于一切事之中，
> 如云宗教自由，贸易自由，报章自由，婚姻自由，结会自由，
> 皆此类矣。而此类自由，与第二类之自由，往往并见。

这是日常生活中的情况，但"科学不能从之。 因科学名
词，函义不容两歧，更不容矛盾"。 严复在文章中将"自由"
定义为"从第三类义，以政令简省，为政界自由"。 然而在
1906 年，中国的科技术语制定还未完成，人文领域的术语体系
刚刚开始建构。 严复感叹道，政治领域"自由"的意义大概如
此。 如果名词没有歧义，我们需要把名词用于科学时，只要进
行定义就够了。 不幸的是名词在日常使用中容易发生变化，词
义也无法专一了。（《严复集》五，1284 页）

第二个问题是汉语的词汇没有形态变化，所以也就无法区
分词性。 在谈到具体名词和抽象名词时，严复说英语里的
white 和 whiteness 可以通过词形互相区别，汉语就不行，"译事

至此几穷"。 为了进行区别，严复特意使用"自繇"作为抽象名词，以便和副词的"自由"相区别。 但是由于发音相同，这种尝试也就不可能成功。

第三个问题是在引进西方新概念时，命名不科学。 严复说名实脱节的弊病"诸国之语言皆然，而中国尤甚"（《穆勒名学》，35 页）。 严复认为这是中国科学落后，不能了解事物本质的结果。 例如"五纬"不是星辰，却名之为星；鲸、鲲、鲟、鳇等不是鱼，却用了"鱼"字旁；"石炭"不可以称呼"煤"，"汞"也不可以称为"砂"，这样的例子数不胜数。 尤其是中西通商之后，西方的商品大量舶来，但译出的名称都不正确。 例如"火轮船""自鸣钟""自来水""自来火""电气""象皮""洋枪"等。 而要做好这一点需要有科学知识，因为"科学弗治"，不懂事物的原理，只能即物命名，于是就有了"火轮船""自鸣钟"之类的错误名称。①

20 世纪的最初十年是科学术语的准备期。 社会需求紧迫，无暇自造，故主要借用日本译名。 正如王国维所说"近年文学上有一最著之现象，则新语之输入是已"。② 《英华大辞典》（1908）、《东中大辞典》（1908）、《普通专门科学日语辞

---

① 即物命名又称"现场命名"，是一种抓住事物表面的、可以进行通俗词源解释的命名方式。 至 19 世纪中叶为止，在广州活动的传教士的译名，如"轻气、养气、礼拜一、保险、陪审"等都具有这种特点。 但是从词汇学的角度看，严复在这里的观点并不正确。

② 王国维：《论新学语之输入》，载《教育世界》1905 年 4 月第 96 号，《王国维遗书》第 5 卷，上海：上海书店出版社 2011 年版，第 97—100 页。

典》（1908）等都是集中提供日本译名的渠道。 术语统一的问
题也提上了日程。 1909 年清学部设立编订名词馆，审定科学
术语。 严复出任名词馆总纂，从 1909 年 11 月 2 日名词馆正式
开馆到 1911 年 10 月 21 日严复最后一次到馆，在不到两年的这
段时间里，严复组织人力完成了大量的术语审定，在海关任职
的德国人赫美玲（K. Hemeling，1878～1925）称有 3 万余条，
这不能不说是一个了不起的工作成果。 1915 出版的《辞源》
收录了科学术语、各类新词共 4500 余条；赫美玲于 1916 年出
版 的 *English-Chinese Dictionary of the Standard Chinese
Spoken Language*（官话），收录了新词 1.2 万余条、学部名词
馆审定术语 1.6 万余条。 大致可以断定，术语问题已经得到了
初步解决。

　　实现科学叙事的另一个条件是科学文体的确立。 严复和吴
汝纶在往返的信函中曾讨论过西书翻译的文体（《严复集》
五），高凤谦在普及教育的脉络中提出了区别美术之文和应用
之文的建议。① 文体的问题，在五四时期经过胡以鲁、陈独
秀、钱玄同、刘半农、傅斯年、蔡元培等的讨论，轮廓逐渐清
晰。 结论是一切科学的文章都应该是应用之文，应用之文必须
言文一致，也就是一定要做到能说得出，听得懂。 除了在句子
形式上要向口语靠拢以外，词汇使用上有何种要求？ 钱玄同认

----

① 高凤谦：《论偏重文字之害》，载《东方杂志》1908 年 7 月第 5 卷第 7 期，第
　　29—33 页。

为胡适的不用典的建议，首先要在讲述科学的文章中实现。 另外要尽量使用两个字的词：名词、动词、形容词等。 因为只有两个字的词才能上口，才能听懂。 严复多次为青年学生做讲演，他首先遇到了说得出的问题。

1905 年严复应邀为青年会做暑期讲座，如上所述，讲座是以西莱的 *Introduction to Political Science*（1885）为内容的。原著中的 state，nation，organization，甚至连 family 在当时的汉语里都没有固定的双音节译词。 以 state 为例，严复先从概念上说中国"只有天下，并无国家。 而所谓天下者，十八省至正大中，虽有旁国，皆在要荒诸服之列，以其无由立别，故无国家可言"。 在这里严复是用"国家"译 state 的。 但原文 family 和 state 对举，如西莱所说，是两个既互相区别又互相关联的对峙概念。 因此，以 state 译"国家"，其中的"家"似乎令严复深觉不安。① 严复在紧接着的译文中试图改用"邦国"对译 state，但显然"国家"是更常用的词语。 因此严复不得不先交代："双称'国家'，单举曰'国'"，然后再解释说"国之为言，与土地殊，与种族殊，又与国民国群等名，皆不可混"。 严复说"诸公应知科学入手，第一层工夫便是正名"。 但当时汉语的情况显然无法让严复满意，他借题发挥了如下一通感慨：

---

① "国家""妻子"这一类型的词，词汇学上称之为"偏义复词"，即由两个意义相反的成分构成，其中后一个字并无实际意义。

所恨中国文字,经词章家遣用败坏,多含混闪烁之词,此乃学问发达之大阻力。诸公久后将自知之。今者不佞与诸公谈说科学,而用本国文言,正似制钟表人,而用中国旧之刀锯锤凿,制者之苦,惟个中人方能了然。然只能对付用之,一面修整改良,一面敬谨使用,无他术也。①

对于词语的形式,梁启超也有察觉,他说:严复的译词"计学","计"是单音节词,在使用上会有种种限制,例如"计问题、计革命"等都无法上口。② 胡以鲁也说用一字词做术语有时不方便上口,计学的"计"在单独使用时要受到很多限制,至少应该使用"生计"。③ 吴稚晖则指出日语里有很多双音节的动词、形容词,"汉人习焉不察,仅目之为掉文而已。其实有时非双用不能达意。"④但是直到《辞源》《官话》出版,双音节动词、形容词的问题仍然没有得到解决。《辞源》(1915)所收录的双音节动词、形容词有限,和术语不成比例。

除了说得出以外,还有一个听得懂的问题。 傅斯年说:

中国文字,一字一音,一音一义,而同音之字又多,同音多者,几达百数。因同音字多之故,口说出来,每不易领会,

---

① 《政治讲义》,《严复集》五,北京:中华书局 1986 年版,第 1247 页。
② 《新民丛报》第 8 号,1902 年 5 月 22 日。
③ 胡以鲁:《论译名》,载《庸言》1914 年第 2 卷。
④ 吴稚晖:《书神州日报东学西渐篇后》,载《新世纪》1909 年第 101—110 期。

更加一字以助之,听者易解矣。(中略)尽可以一字表之,乃
必析为二者,独音故也。然则复词之多,单词之少,出于自
然,不因人之好恶。今糅合白话文词,以为一体,因求于口
说手写两方,尽属便利。易词言之,手写出来而人能解。口
说出来而人能会。如此,则单词必求其少,复词必求其多,
方能于诵说之时,使人分晓。①

也就是说,能够听懂的文章要多用二字词。 二字词去哪里
找? 傅斯年说,白话用一字,文词用二字者,从文词。 白话
用二字,文词用一字者,从白话。 胡适也说:

我所主张的"文学的国语",即是中国今日比较的最普
通的白话。这种国语的语法、文法,全用白话的语法、文法。
但随时随地不妨采用文言里两音以上的字。②

周作人在谈到国语改造方法时,第一项就是"采纳古语"。
他说:

中国白话中所缺的大约不是名词等,乃是形容词助动
词一类以及助词虚字,如寂寞,胧朦,蕴藉,幼稚等字都缺少

---

① 傅斯年:《文言合一草议》,载《新青年》1918 年 2 月 15 日第 4 卷第 2 号。
② 胡适:《建设的文学革命论:国语的文学,文学的国语》,载《新青年》1918 年
 4 月 15 日第 4 卷第 4 号。

适当的俗语,便应直截的采用,……①

两年以后周氏再次指出:

古文不宜于说理(及其他用途)不必说了,狭义的民众的言语我觉得也决不够用,决不能适切地表现现代人的情思:我们所要的是一种国语,以白话(即口语)为基本,加入古文(词及成语,并不是成段的文章)方言及外来语,组织适宜,具有论理(即"逻辑",引用者)之精密与艺术之美。这种理想的言语倘若成就,我想凡受过义务教育的人民都不难了解,可以当作普通的国语使用。假如以现在的民众知识为标准来规定国语的方针,用字造句以未受国民教育的人所能了解的程度为准,这不但是不可能,即使勉强做到,也只使国语更为贫弱,于文化前途了无好处。②

然而,采用古语并不是一个信手拈来的事情,汉语改革的急先锋钱玄同曾感叹道"白话用字过少,文法亦极不完备;欲兼采言文,造就一种国文,亦大非易事"。③ 实际上,现代汉语中的

---

① 周作人:《国语改造的意见》,载《东方杂志》第19卷第17号,第7—15页。
② 周作人:《理想的国语》,载1925年9月刊京报《国语周刊》13期,收入周作人:《周作人文类编·夜读的境界》,长沙:湖南文艺出版社1998年版,第779—780页。
③ 钱玄同:《中国今后之文字问题》,载《新青年》1918年4月15日第4卷第4号。

双音节动词、形容词很多是借自日语，或者受到了日语的影响。①

　　讲科学的话语形式，言文一致，内容与形式，这些都是迎来科学时代所需要解决的问题。 20 世纪 20 年代末，学校教科书上口语体文章逐渐占据优势，讲科学的语言问题得到初步解决。 此时距离严复的问题提起几近三十年。

第二节　讲究科学

　　赫胥黎曾经写过一本关于科学的小册子，*Introductory Science Primers*（《科学导论》），1880 年由伦敦麦克米伦公司（Macmillan Company）出版。 这是 *Science Primers*（《科学初级读本》）丛书中的第一种。 在第二章里，我们已经介绍过，这本书在日本有三个译本：《科学入门》（1887，普及舍翻译刊行）、《学理通论》（1891，富山房书店翻译刊行）、《科学入门》（创元社 1949，山家武雄、铃木一平译）。 而在中国，1886 年也同时推出了两个译本：上海江南制造局出版的《格致小引》（罗亨利、瞿昂来合译）和北京海关总税务司署出版的《格致总学启蒙》（艾约瑟译）。

─────────────

① 参照沈国威：《汉语近代二字词研究》，上海：华东师范大学出版社 2019 年版，第 5、6 章。

全书共有三章：第一章"自然界与科学"、第二章"物质的对象"、第三章"非物质的对象"。 在第一章里，赫胥黎介绍了科学的认知和方法。 这一章的最后一小节，赫胥黎为"科学"下了一个定义：科学，即通过观察、实验及推理得到的关于自然法则的知识。 罗亨利等的译文是：观看、试验，以求物理，谓之格致学。 艾约瑟的译文是：格致之学即由各种测试、辩论得知绳束万物之条理。 赫胥黎还说："科学是有组织的常识，科学家也不过是有常识训练的普通人。"在这一节里，赫胥黎试图告诉读者什么是科学的观察、实验和推理。 这是学习科学、从事科学工作所需要的精神准备，因为科学不仅仅是一套知识，还是一种方法。 学习科学的一个重要目的就是方法论上的训练，也就是严复反复强调的"缮性娇心""炼心制事"，学习科学的收获可以用于人生其他方面。 对于科学的这一目的，胡适是努力的践行者和宣传者。 胡适在赴美留学之前，已经完成了基本科学常识的训练，站在了科学的大门口。

"科学"的词义受日语影响，偏重理学，即自然科学。 胡适由农学转修哲学，似乎离科学远了，但是他对作为方法的科学的重视没有减弱。 胡适参与了美东中国学生会成立的"文学科学研究部"（Institute of Arts and Sciences）的创建，文学与科学合而为一了。 胡适去美国留学后不久写了一篇题为《诗经言字解》（1911.5.11）的文章，对《诗经》中作为虚词的"言"进行考证。 考证结论的正确与否姑且不论，胡适对新的考证法似乎极为满意。 1921 年将此文收入《胡适文存》时甚至说"去

国以后之文，独此篇可存"。 胡适是这样介绍自己新的考证法
的："以经解经，参考互证，可得其大旨。 此西儒归纳论理之
法也。"

1916 年 12 月 26 日，胡适写了一篇 300 余字的日记，收入
文集时题为《论训诂之学》。 这篇文章虽然极短小，却是胡适
对自己语言研究之路的总结和反省。 胡适说，清代考据学有成
就的人，都是能运用归纳法，并以文字学为根据的人。 王念
孙、王引之父子，以及今人章太炎等都是如此。 胡适说他自己
在黑暗中研究古籍十年，到美国以后才知道没有摸到门道。 来
美国后写了《诗经言字解》，开始提倡"以经说经"的方法。
即广泛收集诗经中的例句，观察例句之间用法的异同，确定词
的意义。 胡适将这种方法称为"归纳的读书法"。 他后来又读
了王氏父子及段玉裁、章太炎等人的书，才发觉"以经说经"
虽然找到了研究古典的方法，但是没有文字学的帮助，效果还
是有限的。 以王念孙、王引之父子为代表的小学的考证法，大
致可以整理为"古注推衍、互文同训、异文互证、同文比例、
据文意以揣摩"这样几条，而胡适更简洁地归纳为：

（一）据本书 如以《墨子》证《墨子》，以《诗》说《诗》；
（二）据他书 如以《庄子》《荀子》证《墨子》；
（三）据字书 如以《说文》《尔雅》证《墨子》。

根据胡适的例示，所谓"引据本书"是把考察对象控制在

一个共时的范围内，但这还不够，通过"引据他书"（胡适这里所列的他书具有同时代的特征），使考察结论获得更广泛的解释性；而"引据字典"则引入了历时研究的视角。 胡适后来提出的"比较的方法""历史的方法"等国语研究法都酝酿于这篇短文。 胡适的"归纳读书法"得益于严复（"广求同例""观其会通"是严复喜用的表述）。

胡适在《文学改良刍议》中提出了"讲求文法"的建议，这里有一个必须解决的问题，就是如何讲求？ 改良文学（即新文学的建立）需要文法，创建国语需要文法，普及教育也需要文法，这样汉语文法书的撰写也就提上了日程。 当时《马氏文通》已经刊行 20 余年，章士钊也于 1907 年出版了《中等国文典》。 但是胡适认为"《马氏文通》是一千年前的古文文法，不是现在的国语的文法"，①章氏的《中等国文典》也不分析现代的口语。 至 1917 年前后尚没有可用的文法书，胡适认为其原因是学者们还没有掌握研究文法的科学方法。 胡适于 1919 年 12 月著《国语的进化》，一年以后，1920 年 12 月又写了《国语文法的研究》。 全文共四个部分：导言和文法研究上中下。 1921 年，胡适对上述两篇文章进行了修改和结构调整，以《国语文法概论》为题收入《胡适文存第 3 卷》。②

---

① 胡适：《文法概论》，姜义华主编：《胡适学术文集》，北京：中华书局 1993 年版，第 1—45 页。
② 参见《胡适学术文集》，北京：中华书局 1993 年版，第 1 页脚注。

这篇 4 万余字的文章并不是汉语语法体系建构的尝试，也不是对现代汉语的描写（没有现代口语的例句），胡适的侧重点是国语文法研究方法的确立。胡适说，"我觉得现在国语文法学最应该注重的，是研究文法的方法"。这是因为，"第一，现在虽有一点古文的文法学，但国语的文法学还在草创的时期，我们若想预备做国语文法学的研究，应该先从方法下手。""第二，一种科学的精神全在他的方法"。"就是有了一部很好的文法书，若大家不讲究文法学的方法，终究是死的，国语文法学终究没有继续进步的希望。"如此重视研究方法的胡适提出了"三种必不可少的方法"：

（一）归纳的研究法，
（二）比较的研究法，
（三）历史的研究法。

所谓"归纳的研究法"，清代小学的学者已经在应用了，但是他们都没有严格遵循"观察、提出假设、验证"这三个至关重要的步骤。对此，胡适提出："第一步，观察一些同类的'例'；第二步，提出一个假设的通则，来说明这些'例'；第三步，再观察一些新例，看他们是否和假设的通则相符合。"

关于"比较的研究法"，胡适提出要把国语的"文法"与古汉语、中国各地的方言，乃至东西方的外国语的文法进行比较。 毫无疑问，胡适此时所意识到的是西方的文法框架。 胡适曾说"吾国旧日无文法学之名词，故虽有知之者而不能明言之也"。①

"历史的研究法"即历时研究的视角。 共时历时的观点是索绪尔使自己的语言学区别于旧时代语言学的重要分水岭。 胡适指出："马建忠的大缺点在于缺乏历史进化的观点。 他把文法的条例错认作'一成之律，历千古而无或少变'。"这是由于没有意识到语言时时刻刻都在变化，胡适把这种变化称为"进化"。 胡适甚至批评孙中山"言语有变迁而无进化"的观点，问道：何以"变迁"不能说是"进化"？ 白话的变迁"都是有理由的变迁：都是改良，都是进化！"。② 把不同历史时期的语料不加区分地放在一起得不出正确的结论，而仅仅有共时层面上的考察也是不够的，因为这样无法把握语言进化的趋势。 文言是汉语退化的结果，白话是进化的成果和方向，这就是胡适一贯的主张。

《国语文法概论》反映了胡适在1920年前后的文法观和推崇的研究方法。 但是胡适终究没有写国语即现代汉语的文法书，各种议论中使用的例句也以历史语料为主。 为什么会这样？ 对日新月异发展中的国语，或许胡适也有些无所适从吧。

1923年2月以后，围绕"科学与人生观"的关系，学术界

① 胡适1917年2月22日日记，转引自《胡适学术文集》，北京：中华书局1993年版，第133页。
② 胡适：《国语的进化》，载《新青年》1920年2月2日第7卷第3号。

展开了一场大辩论，辩论的主题是，科学是否可以解决人生观的问题。① 以丁文江和张君劢为双方主将的这场辩论，如胡适所说，议论并不吻合。 胡适本人因病没有全程参加辩论，但在相关论文结集出版时，胡适撰写了长篇序言。 在序言中胡适说："应该先说明科学应用到人生观问题上去，曾产生什么样子的人生观；这就是说，我们应该先叙述'科学的人生观'是什么，然后讨论这种人生观是否可以成立，是否可以解决人生观的问题。"②胡适在扩充和补充了吴稚晖的观点后，提出了新人生观的大旨，一共 10 条，第 1、2 条是：

（1）据于天文学和物理学的知识，叫人知道空间的无穷之大。

（2）据于地质学及古生物学的知识，叫人知道时间的无穷之长。

以下各条也是以"根据 XX 科学的知识"引出的。 正如胡适说：这种新人生观是建筑在二三百年的科学常识之上的一个大假设，我们也许可以给它加上"科学的人生观"的尊号。 但为避免无谓的争论起见，他主张称之为"自然主义的人生观"。

这场论题模糊但轰轰烈烈的辩论，最大的功绩是把偏重于

---

① ［美］郭颖颐：《中国现代思想中的唯科学主义》，雷颐译，南京：江苏人民出版社 1990 年版。
② 张君劢、丁文江：《科学与人生观》，长沙：岳麓书社 2012 年版，第 8—24 页。

物质文明的概念与精神世界联系起来，让"科学"更加家喻户晓。胡适的名言："这三十年来，有一个名词在国内几乎做到了无上尊严的地位；无论懂与不懂的人，无论守旧和维新的人，都不敢公然对他表示轻视或戏侮的态度。那个名词就是'科学'"（《科学与人生观》胡适序，9 页），就是在这个语境中发出的。如果"科学"是最神圣的，那么，"不科学"就是最严厉的批评。丁文江和菊农（瞿世英）在辩论的文章中写道：

- 对于战争最应该负责的人是政治家同教育家。这两种人多数仍然是<u>不科学</u>的。（《玄学与科学》，《科学与人生观》,21 页）
- 其实近代讲科学的人从牛顿起,从没有这种<u>不科学</u>的观念。（《玄学与科学》，《科学与人生观》,147 页）
- 这真是科学教育所得的最<u>"不科学的"</u>结果,决不合乎科学精神。（《人格与教育》，《科学与人生观》,204 页）

"科学"是名词，名词不能直接用副词"不"否定，但进入 20 年代后开始出现"不科学"的说法，如：

- 在这儿我们就能见得有产的达尔文主义者宣言和辩论之眼线,狭隘与<u>不科学</u>了。（《达尔文主义与马克斯主义》，《晨报副刊》1922 年 3 月 6 日）
- 关于方法问题,行为主义者则异乎激烈的机能派,而摈斥

> 内省法,纵不认之为不能,亦视之为<u>不科学</u>的。(《行为派
> 之心理学观及其批判》,《东方杂志》20 卷 22 号,1923 年)

名词表示的事和物有具体与抽象之分。 任何事和物都有其本身特有的性质,当这种特质被抽象出来时,名词就具有了形容词的功能。 对于某一事物特质的了解,可以通过个人经验,也可以通过社会学习,后者又被称为"百科知识"。 例如阿Q,我们和阿 Q 个人相处,或者道听途说地知道了阿 Q 的种种行迹,据此把阿 Q 的特质抽象出来,就有了类似"很阿 Q""真阿 Q"这样表示性质的形容词的用法。 这种用法最初只在小范围的朋友圈里成立,当关于阿 Q 的个人经验变成语言社会共同的百科知识时,"很阿 Q"作为非经验性的叙述也就可以成立了。 这就是名词—形容词相通的语义论上的保证。 20 世纪以后,在近代常识获得的过程中,很多名词性的概念有了形容词的用法,如"民主、封建、健康、卫生"等。 名词—形容词的词性转换,英语等是通过 - tic 等词缀形式实现的;日语的固有词语,即「和語」也是如此。 但是日语中的汉字词无法这样做。 明治日本的翻译家创造了把「- 的 teki」接在名词的后面,使其成为形容词的方法。 日语的「- 的」形容词在 20 世纪初呈爆发式增长,这种形容词创造法也为韩语所采用。 王国维、胡适等对此也曾有意加以模仿,如王国维下例中的"的"字:

- 抑我国人之特质,实际<u>的</u>也,通俗<u>的</u>也;西洋人之特质,思

辨<u>的</u>也,科学<u>的</u>也。(《论新学语之输入》,1905 年)

胡适的重要论文《建设的文学革命论:国语的文学,文学的国语》(《新青年》第 4 卷第 4 号)中的"建设<u>的</u>国语"等,也是表示特质的用法。"科学的"在《新民丛报》上有以下用例:

- 然则其报亦不过普通一丛报,而特冠以某省之名,非论理<u>的</u>科学<u>的</u>也。故吾以为于义无取也。(《丛报之进步》,《新民丛报》26 号,1903 年)

这些例子中的"的"都是直接借用日语的,最终未能被汉语接受。现代汉语中这种意义由"一性"来担任。某一事物的特质成为社会性的百科知识需要时间。科学所具有的精神与方法,在五四以后才逐渐渗透到整个语言社会,出现了以下的用法:

(1) 科学的/地
- 鄙人不自揣其学之浅,文之陋也,敢就<u>科学的</u>发明之最浅近人人都解者,略述一二。(《申报》1907 年 9 月 10 日)
- 那迷信的念头。多被那<u>科学的</u>思想去战胜了。(《申报》1908 年 1 月 28 日)
- 用历史的眼光,批判地和<u>科学地</u>陈述政治思想的发生和变迁,穷究它们对于政治事实的关系和影响的便是政治

思想史。(《申报》1931 年 1 月 16 日)

(2) 非常/很科学

- 所以有好些在学术界里的人,在其自己的范围内各是非常科学的,而其于政治的或社会的辩论却是最为武断的人,随意妄下判断而并不计及凭据。(《工业主义的伦理》,《晨报副刊》第 63 号,1925 年 3 月 6 日)

- 他们分往各处调查参观,深信平民教育是最经济的,很科学的、效力最大的民众教育方法。(《平民教育促进会的组织和工作》,《东方杂志》23 卷 24 号,1926 年 12 月)

(3) 科学性

- 唯物论之特长正在具有科学性,其论议中之淡于伦理色彩,本无足怪。(《东方杂志》17 卷 5 号,1920 年 3 月)

- 如违背国民性或科学性之需要,决不足取戏剧中。(《申报》1925 年 3 月 25 日)

- 总括一句话现代自然科学,都是真实的科学,具有科学性的特权。(《新北辰》第 3 期,1935 年)

(4) 科学化

- 这个方法虽然没有科学化,但从一般的家庭卫生上看起来实在有保存的价值。(《申报》1922 年 5 月 31 日)

- 教育之社会原理述要,用科学的方法去解决中国的言文问题,科学化的国文教授法。(《申报》1922 年 9 月 19 日)

- 救济中华民国之根本方法只有从普及教育入手,然默察我国社会之情形与其急切之需要,尤非提倡科学教育,养成<u>科学化</u>之中华民族不可。(《申报》1923 年 11 月 26 日)

(5)科学方法

- 中国科学社惠赠两册内有胡明复之<u>科学方法</u>论。(《申报》1916 年 8 月 2 日)

- 招收稍有程度之人,导以各种<u>科学方法</u>,俾毕业后或充当教师或深造学术。(《申报》1917 年 2 月 16 日)

- 吾人今日惟各就其耳目之所闻见,乡士之所阅历,以<u>科学方法</u>记载之。(《申报》1917 年 5 月 17 日)

(6)科学家/科学工作者

- 嗟乎,竞争为进化之母,泰西<u>科学家</u>挟此观察古今。(申报 1904 年 7 月 15 日)

- 斐苏斐俄山之天文台业遭毁坏各<u>科学家</u>皆于常时逃避该处铁路亦已损坏。(《申报》1906 年 4 月 11 日)

- 苏俄对于<u>科学工作者</u>之维护……《新中华》第 1 卷第 12 期,6 月 25 日出版要目(《申报》1933 年 6 月 25 日)

通过词语的使用情况观察概念的接受和定型的条件是,关于科学的特质已经成为社会知识(常识)了。 但是,词有一个弱点,一旦被命名,对于内涵的准确性使用者就不去在意了。形容词是有程度的,"很科学",具体是哪些方面符合了科学的精神,已经不再重要了。 就这样,"科学"被编入现代汉语的词汇体系之中了。

什么是科学？ 不可能人人都能准确定义，但是有一个公约数，就是：科学是通过观察、实验及推理而得到的关于自然规律的知识（赫胥黎）。"科学的"可以表示具有科学的性质，也可以是限定的用法，如"科学的书籍"是以科学知识为内容的书籍。 总之，"科学性""很科学""不科学"，即"科学"的形容词用法的出现，说明了科学所具有的属性逐渐成为语言社会的百科知识，作为方法的"科学"就这样确立了。

终章

概念之旅与词语环流

至此，我们以中国和日本为对象，对 science 从译词形成和概念引介的角度做了回顾，特别考察了先行者西周和严复的情况。 我们采用的是一种被称为基于词汇史的概念史的研究方法。 所谓词汇史就是词语发生、普及、定型的历史，而概念史，究其实质而言即近代概念的形成史，是东亚如何用汉字接受西方的新概念，并建构大同小异的各自的近代意识形态体系的历史。 什么是概念？ 人的感官接触自然界的森罗万象，在头脑中形成影像（image），我们即使闭上眼睛，也有残像浮现在脑海里。 相似的或同类的事物的影像——世界上是不存在绝对相同的事和物的，所以影像也不完全相同——多次重叠，轮廓化、抽象化，这样的重叠影像我们暂且称之为"概念范畴"（就是概念的轮廓）。 概念形成的过程就是外部世界在我们的头脑里的"概念化"。

　　概念范畴无论在外部还是内部都没有清晰的边界，存在着一个连续的灰色区域。 我们一方面需要把某一个概念范畴同其他概念范畴区别开来，如"科学"与"宗教"不同；另一方面也需要把聚集在某一概念范畴内的相似的或同类的事物加以区分，如在人类知识这一范畴里，"科学"与"文学""艺术""技术""美术"等不同。 这一任务是通过语言来实现的。 语言对外部世界进行切割，其结果是在概念范畴外部和内部确立了边界，这一过程被称为"范畴化"。 范畴化是一种命名行为，人们用固定的声音指代抽象化了的影像，使概念范畴和特定的语音形式发生了关联，这就是概念的命名。 人们在使用语言进行交流时，说者发出一个代表概念的声音，听者受到声音的刺激，在自己的头脑里再现影像，理解说者所欲表达的概念。 命名的好处是，一、可以指称对象物，并将其从同类事物中区别开来。 例如我们称一种知识体系为"科学"，那么"科学"就不再是"文学"或"艺术"；二、将对象物加以抽象化。 例如实际上有各种各样的杯子，我们甚至可以说，世界上没有两个完全一样的杯子，但是各式各样杯子之间的差别在"杯子"这一名称下都被忽略了。 王国维说"事物之无名者，实不便于吾人之思索"（《论新学语之输入》，1905 年），点明了命名的重要性。

　　我们还常常听到另一个术语"观念"。"观念"和"概念"有何不同？ 这两个术语都是和制译词（"观念"是被改变了词义的佛经用词），在早期的《英和字典》里分别对应 idea 和 concept，但在现在的《英和辞典》里两者的区别并不分明。 在汉语里这两个术语基本上袭用了日语里的用法。 在实际的翻译活动中，例如严复，几乎不用"概念"，只用"观念"。王国维在评论日人之译语未必皆精确时也说，译 idea 为"观念"，观念者，谓直观之事物。其物既去，而其象留于心者，这时还"谓之观，亦有未妥"。然而 idea 本身也有这种错误，这个词在古希腊语里是"观"的意思，源自五官，所以称为"观"；所"观"的物体消失后，影像还存在，就称之为"念"。至于把 conception 译为"概念"，如果用荀子的词，可以称之为"共名"（《论新学语之输入》，1905 年）。王国维在这里说的是译词的"理据"问题，理据即"物之所以名"。① 理据反映了造词者（通常是时代的先行者、启蒙家）在理解、接受域外新概念时的思维方式。概念史研究常常通过对理据的分析诠释观念化的某些过程；另一方面，词汇研究认为理据固然重要，但是理据的合理与否并不决定一个词的存亡。例如，严复在《天演论》中将 evolution 译为"天演"。尽管"天演"的立意（即"理据"）极好，但最终为日本译词"进化"所取代。②

　　一个外来概念被译介的当初，常常呈现百家争鸣的状态。当时的人们用"混乱""不统一"来描述这种状态。混乱的译词在语言社会或者政治力量的筛选下，最终会有两种结局，一

---

① 索绪尔以后的现代语言学的一条基本定理是除了某些拟声拟态词以外，单纯词能指与所指的关系是任意的。但复合词则不可避免地存在理据。

② 在借入日本译名的十九二十世纪之交，日语的现代词汇体系几近完成，就是说，中国得到的是日本意义系统整合后的结果，某些译词即使在日语里也不再是创制初始的意义了。

是定于一尊，一是各有所司。"科学"取代"格致、格物"是定于一尊的结果；"概念"和"观念"则可以看作各有所司的例子，即"概念"可以指称任何概念，不论大小、具体抽象，是上位词；"观念"指称经过意识形态化的概念，只有那些得以编入某一语言社会意识形态体系的概念才能成为观念，所以"观念"是下位词。① 这一过程姑且称之为概念的"观念化"。

"概念是代号，是思想的出口"②，而词语则是概念的外壳；没有概念不足以形成思想，概念借助于语言而具形，没有语词则无法表达概念。 故概念的传播与接受需要借助词语完成。 外来的新概念可以用一个说明性或比喻性的词组、一句话，甚至一篇文章来表达，也可以用一个词来表达。 用一个词（包括使用既有词和新造词）表达一个概念叫"词化"，没有词化就没有观念化。 现代语言学的一个基本观点是：语言无优劣之分，不管是科学技术高度发达的社会所使用的语言，还是原始农耕社会所使用的语言，只要有必要，就可以表达任何一种概念，但并不是所有的概念都能实现词化。③ 在引入域外新概

---

① 概念即语言所包含的意义内容，与语言的形式相对应。 形式与内容的关系即"能指"与"所指"的关系，是语言符号系统研究的对象，故语言研究更多地使用"概念"这一术语。

② 方维规：《概念史研究方法要旨》，《新史学》，北京：中华书局 2010 年版，第 3卷，第 3—20 页。

③ 自然语言并不为所有的概念都准备一个词，如汉语的"兄、弟、姐、妹"等概念在英语中就是用词组形式表达的。

念时，能否发生词化要受到各种因素的左右。 一般来说，在接受社会里出现频率高的概念比较容易词化，否则将停留在词组和短语等说明性（非命名性）表达的层面上。 梳理 19 世纪英华字典和汉译西书的历史，可以发现，外来的新概念在引介初期常常采取词组或短语的形式来表达；词组、短语常常在反复使用中逐渐凝缩成一个词，最后完成词化。 需要强调的是，近代社会的核心概念，其词化常常是强制性的，现代社会不允许"科学""民主""自由"等以一个短语或句子的形式存在。 概念的词化提供了表达上的便利性，也潜藏着概念异化，即名实乖离的危险。 我们用一个词指涉一个概念时，常常忽视了概念的真正内涵及其潜移默化的演变。 被观念化（意识形态化）的语词尤其如此，人们按照想当然的"观念"行事，而不是按照思想或严格定义的概念去把握事实。"个人""自由""革命"等观念在中国语境中的异变引起了研究者强烈的学术兴趣；"个人、自由、革命"之所以成为独具中国特色的关键词，不在于它们是 individual、freedom、revolution 的译词，而在于这些术语在中国意识形态体系中的定位，这种定位是通过与其他词语的搭配组合关系体现出来的。

在中国，西方概念的容受可分为三个阶段，第一阶段，19世纪初叶至中日甲午战争；第二阶段，1895～1915 年；第三阶段，五四新文化运动时期。 这三个阶段同时也是近代重要词语的创制或借入、普及、定型的过程。 第一阶段是传教士造词，并在有限范围内传播的时期；第二阶段是日本译名大量涌入汉语的时期；第三阶段是对在此之前存在的新词、译词进行整合，使其融入汉语词汇体系的时期。　自马礼逊 1807 年登陆广州，新知识的引介就面对一个译词创制的问题。　但在翻译内容、造词方法上，第一阶段不能说取得了成功。　第二阶段，甲午之役，老大帝国败给蕞尔岛国，亡国亡种的危机加深。　而在此之前扮演传播西学主角的传教士淡出中国政治舞台，①严复虽然坚持孤军奋战，终不能满足中国吸收西方新知识的迫切需要，国人只好将目光转向日本。　留学日本、翻译日文书籍的热潮帮助汉语从日语获得了大量的新词译词，并由此迅速完成了现代汉语词汇体系的建构，进而实现了书面语的言文一致。　汉语不但从日语接受了新词，还刷新了旧词词义，近代关键词在第二阶段与原词更相吻合的现象正是日语影响的结果。　第三阶段是对新出现的词汇成分（自造的或外来的）进行整合，使其融入汉语词汇体系的时期。　大量语词被观念化，成为近代关键词，就是在被称为第三阶段的五四期间及其后的一段时间发生并完成的。

在近代概念史研究中，一个特别需要注意的问题是，近代概念在原生地即西方，也是逐渐发生、发展、定型下来的。　这

---

① ［美］柯文、［美］费正清编：《剑桥中国晚清史》上卷，北京：中国社会科学出版社 1985 年版，第 634 页。　柯文列举的第一个原因是传教士本身逐渐与政治问题拉开距离。　亦参见 ［美］任达《新政革命与日本—— 中国 1898—1912》，李仲贤译，南京：江苏人民出版社 1998 年版，第 12 页。

是因为，重大人文概念往往是由综合向分析发展的自然属性所决定的。恰如严复所说"翕以合质，辟以出力，始简易而终杂糅"（《天演论》自序），他又用"由简入繁"，"物变所趋，皆由简入繁，由微生著"（《天演论·导言二》）等言辞加以描述。译词的混乱正反映了近代概念形成的不同阶段、不同的信息来源、不同的转译者的理解、表述上的差异以及误解所造成的滞后、重叠、模糊等现象。例如，传教士山雅各（J. Sadler）1904 年翻译出版了《哲学源流考》，原著为 *The Pioneers of Science*（1893，by Sir Oliver Lodge），内容是自然哲学。而在 1904 年"哲学"已经作为 philosophy 的译词普及开来，山雅各的使用不可避免地引起了混乱。

"文学"作为与"科学"紧密相关的概念，也是一个饶有兴味的事例。如序章所述，人类的知识（knowledge；philosophy）可以分为文字性和非文字性两大类，Literature 是存在于文字中的知识和想象力的全部成果，在相当长的历史时期，这是一个无所不包的概念。但是 19 世纪中叶，在日常的狭义用法上，将 literature 分为：文学和实证科学，前者是 polite literature（纯文学）或法语 belles-lettres（纯文学）的同义词，后者即 science。另一方面，非文字的 art 是运用知识或力量达到预期目的的知识领域，二分为精致（fine art）和实用（useful art）两类。19 世纪末 useful art 向 science 靠拢，最终确立了 technique 的概念范畴。尽管 19 世纪中叶 science 已经更多地特指与 art，literature 相对峙的知识领域了，但 19 世纪

末的 *Webster's International Dictionary*（1898）中，literature 的同义词还仍然包括 science，learning，erudition，belles-lettres 等。

作为向中文世界引介的努力，英国传教士艾约瑟（Joseph Edkins，1823~1905）在《六合丛谈》创刊号上（1857 年 1 月）发表了《希腊为西国文学之祖》（"Greek the stem of western literature"）一文，这是艾氏介绍西方文学知识的一系列文章"西学说"（"Western Literature"）的第一篇，其"文学"已经不再包括实证科学的内容了。但是美国林乐知（Y. J. Allen，1836~1907）在翻译森有礼的英文著作 *Education in Japan*（1872）时，使用了"文学"的旧的意义，译为《文学兴国策》（1896）。① 王国维《论新学语之输入》（1905）中的"文学"也限定在人文科学上。

在日本，《英和对译袖珍辞书》（1862）中"文学"＝grammar，《附音插图　英和字汇》（1873）中，"文学"是 belles-lettres、humanity、literature 的译词，"文学"＝literature 与罗存德的《英华字典》（1866~1869）相同，belles-lettres、humanity 源于何处待考。有过短暂在华传教经历的美国长老会医疗传教士平文（J. C. Hepburn，1815~1911），在其《和英语林集成》中所展示的"文学"对译情况如下：

---

① 陈力卫：《近代訳語のいわゆる転用語について——「文学」と「教育」を例として》，载《中国語学》2021 年 268 号，第 22—53 页。

词条	第一版（1867）	再版（1872）	第三版（1886）
文学	Learning to read, pursuing literary studies, especially the Chinese classics.	同左	Literature; literary studies, especially the Chinese classics.
Literature	学问，文，文道	同左	学问，文，文道，文学

"文学"＝literature 对译关系的建立出现在《和英语林集成》第三版（1886），这似乎是受了井上哲次郎《哲学字汇》（1881）中"literature＝文学"的影响。西周在《百学连环》（1871～1873）中讨论了 literature 与"学"与"术"的关系，介绍了 belles-lettres；humanity 的概念，显示了与欧洲同步的理解，但西周的"文学"是文字、语言的意思，literature 译为"文章"。"文学"最终通过井上哲次郎的《哲学字汇》（1881）普及到整个日本社会。但是，在语文辞典上，如下所示，"文学"＝"学问"的解释一直持续到 20世纪初。需要指出的是，英语辞典也存在着这种滞后现象。

【文学】

《言海》（1891）：① 通过读书考究的学艺，即经史诗文之学（对于武术而言）；② 语言学、修辞学、逻辑学、历史学等学之总称。

《日本大辞书》（1893）：① 利用书籍进行研究的学艺，具体指与武术相对的普通知识。② 语言学、修辞学、历史学等无形（＝抽象？——引者）之学的总称。③ 英语 literature的译词，所有具有相应知识的普通人，使用他们所能够理解的言辞,给出最普通的观念,最能发挥宇宙真善美的学问。
(据此而言,语言学、修辞学、逻辑学、历史学、哲学、诗学
等,这些以前曾一时被视作文学的类别,根据上述定义,逐
渐脱落,仅留下了"诗学"。── 引者)

《日本新辞林》(1897):① 利用书籍进行研究的学艺,指
与武术相对的一般性学问。② 语言学、修辞学、哲学、历史
学等学之总称。

《ことばの泉》(1901):① 利用书籍进行研究的学术,与
武术相对。② 运用所有具有普通知识的人都能理解的文
辞,为人们带来精神上快乐的学问,诗学、修辞学等。与科
学相对。

我们发现在上述辞典的释义中"小说"还没有出现。 在这
一时期的各类辞典中"技术"一词也和今日的意义用法有较大
的距离。 "技术""艺术"原为汉语古典词,在英华字典中对译
art;"美术"是日本译词,也用来对译 art 或 fine art。 在《英
华大辞典》(1908)里,尽管还有重叠之处,但大致形成了
literature＝文学; science＝科学; technique＝技术; fine arts＝
艺术、美术的对译关系。 但是, 如下所示, 在转译英文释义
时, 还有不尽人意之处:

Literature In a special sense, that body of literary
compositions which, to the exclusion of merely

philosophical, scientific, and technical works, are occupied mainly with that which is spiritual in its nature and imaginative in its form, whether in the world of fact or the world of fiction... 文学、文章(特别意义 除哲理及科学外 凡神灵思想为其资料 离奇变幻为其形式 或实记或杜撰者 皆文学也)

而在今天可能会译为：从某种特殊意义上说，纯粹的哲学和科技性的文章不是文学，无论是写实还是虚构，那些以精神为素材，以想象力为形式的文章，才是文学作品的主体。

新语词的加入必然促成汉语意义体系的重组，语言社会赋予语词以联想、语体、评价等周边义以及意识形态的价值指向。语词具有体系性，即作为概念的名称的"词"不是孤立存在的，而是与其他的词语保持着这样或那样的关系，织成一个意义网络。任何一个词的出现、消亡或意义用法的变化，都会引起该词汇体系内同一语义场中其他词语的变动，可谓牵一发而动全身。处于意义体系中心位置的关键词尤其如此。正是由于这一原因，我们的考察不能仅仅针对个别语词孤立进行，而必须兼顾同一概念范畴中的其他成员。例如，在讨论"民主"观念时同时将"民权、民治、民政、共和、立宪、德谟克拉西"等纳入视野；"经济"与"经世、计学、富强、生计、生产力"等相关联。关于"科学"的讨论不能和"文学、技术、艺术、美术"等词语分割开来进行，只有在特定的概念网络中才能准确地观察关键词的诞生、普及、定型。 只是本书限于篇幅，对相关词语的讨论只能另外进行了。

任何一种语言的词汇系统都具有自我调整的机制，可以容受外来概念，重构原有的意义体系。 这一切所需要的只是时间。 第一阶段和第二阶段初期，本土译词都将缓慢地接受洗礼，其结局也会更加自然。 但是在十九、二十世纪之交，日本译词如决堤的洪水涌入汉语，打断了汉语自然演化的进程。 从20 世纪之初的各科学术到1920 年代的社会主义、共产主义思想体系、文艺戏剧理论，可以说整个近代知识体系的建构都与日本知识有着深刻的关联，即西学从东方来，马列主义从东方来。 考察中国近代概念形成的历史，日本知识是一个无法回避的问题。 最大限度地利用日本的研究资源，包括相关的历史文献及研究成果在内的日本资源，会使我们的视角更加全面，这在分析比较东亚各国近代化不同的进程时（共性与个性），尤为重要，因为这不仅仅是一个译词创制、借贷的词汇史的问题，也是对东亚近代史的整体描述。

在汉字文化圈内，长期以来"汉字"是概念的唯一的外壳（载体）。 以至于近代以降，汉字以及汉字构成的新词、译词是接受、表达西方新概念的唯一语言形式。 19 世纪以来的中日之间的文化交流和语言接触，使西方新概念的接受及其"词化"的过程成为跨语言的事件。

"科学"的事例给我们提出了两个问题，第一，中日近代比较概念史研究是否可行？ 如笔者反复强调，西学东渐带来了外来新概念的容受问题，因此，现在我们使用的一些关键性的词语，无论是词汇史的研究还是概念史的研究都无法在汉语或日语等单一语言内完成，而这同时也使"概念形成史比较研究"成为可能。 日本的西周和中国的严复在引介、容受 science 这一概念的过程中都发挥了极其重要的作用，处于不同语境中的二人甚至有着惊人的相似之处。 源泉在于西方，二人存在着某种相同之处并不奇怪。 但是同样来自西方的"科学"在中国和日本是否走了相同的观念化道路？ 为什么会这样？ 这些则应该是思想史研究的重要内容。 第二，启蒙家、社会精英群体对关键词能起到何种作用？ 语词的形成既有造词者的个人属性，又有所有的语言使用者认同的社会属性。 与一般性的概念不同，重要概念及其所表述的近代核心概念常常是由时代的先觉者或精英群体引入，经过一番曲折后为整个社会所接受。 笔者认为：先觉者和精英群体的历史作用主要体现在概念接受上，而不是词汇史的层面。 作为词汇学研究的一个基本原则，一个新词、译词能否普及、为语言社会所接受，其决定性因素常常不在词语本身，即内部原因，而在于该语言社会的价值取向，即外部原因。 使用者出于某种原因，对旧词弃之如敝屣，在任何时代都是存在的。

主要参考文献

专著：

［英］赫胥黎. 进化论与伦理学.《进化论与伦理学》翻译组
　　译. 北京：科学出版社，1973

［英］赫胥黎. 天演论. 严复译. 北京：商务印书馆，1981

［英］亚当·斯密. 原富. 严复译. 北京：商务印书馆，1981

［英］斯宾塞. 群学肄言. 严复译. 北京：商务印书馆，1981

［英］穆勒. 穆勒名学. 严复译. 北京：商务印书馆，1981

［英］培根. 新工具. 许宝骙译. 北京：商务印书馆，1984

余丽嫦. 培根及其哲学. 北京：人民出版社，1987

［英］本杰明·史华兹. 寻求富强：严复与西方. 叶凤美译. 南
　　京：江苏人民出版社，1990

黄克武. 自由的所以然——严复对约翰弥尔自由思想的认识与批
　　判. 上海：上海书店出版社，2000

［英］赫伯特·斯宾塞. 社会学研究. 张宏晖，胡江波译. 北京：华夏出版社，2001

金岳霖. 金岳霖解读穆勒名学. 北京：中国社会科学出版社，2005

王宪明. 语言、翻译与政治——严复译《社会通诠》研究. 北京：北京大学出版社，2005

皮后锋. 严复评传. 南京：南京大学出版社，2006

［英］弗朗西斯·培根. 学术的进展. 刘运同译. 上海：上海人民出版社，2007

戚学民. 严复《政治讲义》研究. 北京：人民出版社，2014

苏中立. 百年天演：《天演论》研究经纬. 福州：福建人民出版社，2014

H. Spencer. *The Study of Sociology*. New York: D. Appleton & Company, 1874

清水几太郎. オーギュスト·コント. 东京：筑摩书房，2014

Adam Smith. *An Inquiry into the Nature and Causes of the Wealth of Nations*. Edited by James & Thorold Rogers. Oxford: Clarendon Press, 1880, Second Edition

Seeley, Sir J R. *Introduction to Political Science*. Macmillan & Co, 1896

John Stuart Mill. *A System of Logic: Ratiocinative and Inductive*. New York: Harper & Brothers, 1882, Eighth Edition

田野村忠温. "科学"の語史——漸次的・段階的変貌と普及の
　様相. 載《大阪大学大学院文学研究科紀要》第 56 卷. 2016

飞田良文. 明治生まれの日本語. 东京：淡交社，2002

袁翰青. 科学、技术两词溯源.《北京晚报》，1985 年 9 月 19 日

金观涛，刘青峰. 观念史研究：中国现代重要政治术语的形
　成. 香港中文大学出版社，2008

樊洪业. 从"格致"到"科学".《自然辩证法通讯》第 10 卷第
　3 期. 1988

艾尔曼. 从前现代的格致学到现代的科学.《中国学术》第 2
　辑. 2000

朱发建. 最早引进"科学"一词的中国人辨析.《吉首大学学报
　（社会科学版）》2005 年 2 期

周程. 究竟谁在中国最先使用了"科学"一词?.《自然辩证法
　通讯》2009 年第 4 期

张帆. 从"格致"到"科学"：晚清学术体系的过渡与别择
　（1895～1905 年）.《学术研究》2009 年第 12 期

资料：

严复. 严复集一至五. 王栻主编. 北京：中华书局，1986

梁启超. 饮冰室文集之十三. 北京：中华书局，1989

严复. 天演论. 冯君豪注释. 郑州：中州古籍出版社，1998

王庆成等编. 严复合集. 台北：台湾辜公亮文教基金会，1998

严复. 天演论. 李珍评注. 北京：华夏出版社，2002

孙应祥，皮后锋编. 严复集补编. 福州：福建人民出版社，2004

严复. 严复文选. 牛仰山选注. 天津：百花文艺出版社，2006

汪征鲁等编. 严复全集. 福州：福建教育出版社，2014

明治文学全集 78·明治史论集二. 东京：筑摩书房，1976

明六杂志. 山室信一，中野目彻校注. 东京：岩波书店，2009

后记

近代概念史的研究，近年来在世界范围内越来越受重视。这是因为近代概念的发生、流动、接受、异化是近代思想史、社会史、文学史、科学史等所有冠之以"近代"的研究的基础；近代概念形成的过程是近代史的缩影，梳理概念的来龙去脉会帮助我们更好地理解错综复杂的历史场景。孙江教授和他的团队致力于近代概念史研究有年，此次筹划"学衡尔雅文库"概念丛书，对近代关键概念的形成进行溯源。这是一件极有意义的工作，必将有力地推动概念史的研究。

笔者的专业领域是词汇史，近年也尝试着运用概念史的手法做一些研究。蒙孙江教授邀请，参加本丛书的撰写，非常荣幸。近代概念的形成是文化交流、语言接触的结果，与词汇史有着密不可分的关系。笔者非常高兴能从近代词汇史，特别是中日词汇交流史的视角贡献一己之见。本丛书的宗旨是深入浅出，拙著距离这种要求显然还有一段距离，晦涩之处还请读者原谅。同时，概念不是单独存在的，如能结合本丛书其他分册阅读，或更有收获。

笔者感谢大阪大学田野村忠温教授一如既往的支持；友人冯谊光、饶佳荣二位先生在文字润色、校对上，也给予了笔者极大帮助，谨致谢忱。 最后，衷心感谢责任编辑为拙著付出的劳动。

沈国威

2022 年 3 月吉日

附注：本书 36 页载"广泽安任作囚中八首衍义"的书影，为香川大学图书馆神原文库所藏。惠允使用，谨致谢意。

学衡尔雅文库书目

第一辑书目

《法治》 李晓东 著

《封建》 冯天瑜 著

《功利主义》 李青 著

《国民性》 李冬木 著

《国语》 王东杰 著

《科学》 沈国威 著

《人种》 孙江 著

《平等》 邱伟云 著

《帝国主义》 王瀚浩 著

待出版书目（按书名音序排列）

《白话》 孙青 著

《共产主义》 王楠 著

《共和》 李恭忠 著

《国际主义》 宋逸炜 著

《国民/人民》 沈松侨 著

《国名》 孙建军 著

《进步》 彭春凌 著

《进化》 沈国威 著

《历史学》 黄东兰 孙江 著

《迷信》 沈洁 著

《民俗》 王晓葵 著

《启蒙》 陈建守 著

《群众》 李里峰 著

《人道主义》 章可 著

《社会》 李恭忠 著

《社会主义》 郑雪君 著

《卫生》 张仲民 著

《文学》 陈力卫 著

《无政府主义》 葛银丽 著

《现代化》 黄兴涛 著

《幸福》 谭笑 著

《营养》 刘超 著

《友爱》 孙江 著

《政治学》 孙宏云 著

《资产阶级》 徐天娜 著

《自治》 黄东兰 著

《祖国》 于京东 著

（待出版书目仍在不断扩充中）